LA PREHISTORIA

M

Primera edición: abril de 2014

© 2014, Penguin Random House Grupo Editorial, S.A.
Travessera de Gràcia 47-49, 08021, Barcelona
© 2014, Josep Busquet, por el texto
© 2014, Àlex López, por las ilustraciones
Coordinación editorial de Bonalletra Alcompas, S.L.

Quedan prohibidos, dentro de los límites establecidos en la ley y bajo los apercibimientos legalmente previstos, la reproducción total o parcial de esta obra por cualquier medio o procedimiento, ya sea electrónico o mecánico, el tratamiento informático, el alquiler o cualquier otra forma de cesión de la obra sin la autorización previa y por escrito de los titulares del copyright. Diríjase a CEDRO (Centro Español de Derechos Reprográficos, http://www.cedro.org) si necesita fotocopiar o escanear algún fragmento de esta obra.

Printed in Spain - Impreso en España

ISBN: 978-84-9043-192-4
Depósito legal: B-3260-2014
Impreso en Limpergraf

GT31924

JOSEP BUSQUET - ÀLEX LÓPEZ

La LOCA HISTORIA de la HUMANIDAD

LA PREHISTORIA

montena

LA PREHISTORIA

Aunque no todos los historiadores están de acuerdo, la mayoría define la prehistoria como todo lo que pasó antes de que el ser humano aprendiera a escribir. Desde la aparición de los homínidos (hace 4 millones de años) hasta la invención de la escritura (hace unos 5.000 años).

Se divide en dos grandes etapas: la Edad de Piedra y la Edad de los Metales.

EDAD DE PIEDRA
- Paleolítico
- Neolítico

EDAD DE LOS METALES
- Edad del Cobre
- Edad del Bronce
- Edad del Hierro

EDAD DE PIEDRA

La Edad de Piedra se divide en Paleolítico y Neolítico.

Paleolítico significa 'piedra antigua' y es el periodo más largo de la historia de la humanidad. El ser humano tuvo que sobrevivir a varios cambios climáticos producidos por las glaciaciones y las desglaciaciones. Comenzó a desarrollar el uso de herramientas, aprendieron a cazar, pescar y a construir ropa y cabañas.

El **Neolítico** es la moderna Edad de Piedra; y en esta época se comenzó a practicar la agricultura y la ganadería. El ser humano comenzó a construir sus primeras poblaciones y a desarrollar la pintura y la alfarería.

EDAD DE LOS METALES

La Edad de los Metales se divide en: Edad del Cobre, Edad del Bronce y Edad del Hierro.

En esta etapa el ser humano desarrolló el uso del metal, fabricando por primera vez objetos de cobre, bronce y hierro fundidos. Con los nuevos materiales, el comercio creció, aparecieron nuevos inventos, se construyeron ciudades más grandes y el ser humano dio un paso gigante en su evolución.

Antes de que existiéramos

Nuestro planeta, la Tierra, se formó hace unos 4.500 millones de años. Nosotros, los seres humanos, aún tardamos varios millones de años en aparecer. Al principio, la Tierra solo estaba habitada por organismos muy simples, como por ejemplo, las bacterias.

¿Sabías que... los dinosaurios vivieron muchos millones de años hasta que un meteorito gigante se estrelló contra la Tierra?

Para ser más exactos

Los dinosaurios habitaron la Tierra durante unos 160 millones de años y nunca convivieron con los humanos. Los había de varios tipos y de todos los tamaños, algunos eran gigantescos. Hay muchas teorías sobre la extinción de estas criaturas pero la más extendida y aceptada es que la caída de un meteorito provocó su desaparición como especie. El impacto del meteorito causó un cambio climático, un invierno global que destruyó casi todas las formas de vida existentes en cuestión de días. Los científicos afirman que la caída ocasionó también grandes terremotos y tsunamis.

¿Sabías que...

los pájaros descienden de los dinosaurios?

Para ser más exactos

Aunque parezca mentira, la mayoría de científicos están de acuerdo en que los pájaros descienden de los dinosaurios. Se parecen en muchas cosas como el esqueleto, o el sistema digestivo. E incluso en China descubrieron fósiles de dinosaurios con plumas que no hacen más que reforzar esta teoría. Les separan unos cuantos millones de años.

ORIGEN DEL HOMBRE **23**

Sopa de letras

```
A I G M T A B R A D I O E F
J E N U I S L B O T M U R J
B S C T H I C O C H E L T R
A G E R E O I J A O W T U F
T D C T N R T U I R A G O S
I E S M A D N O G N O B I A
D A D S T E L E F O N O M R
O E I D S N A G T U D M R T
R S O T E A B N E H S B A E
A L F R U D S M O A V I O N
F E K S M O T O Z D E L J E
S A G F X R E F Q G O L M I
T U D Q F A D C P I L A S V
```

Seta   Avion
Sarten   Pilas
Batido   Telefono
Coche   Mono
Moto   Horno

Ayuda al bueno de Ugh a encontrar 12 cosas que todavía no se habían inventado en la prehistoria.

Laberinto

 PALABRAS SECRETAS

Si reordenas las letras de la palabra LIXS y le añades la letra E obtienes la palabra SILEX. ¿Qué otras palabras relacionadas con la Prehistoria salen si reordenas las letras que siguen?

1 AUCE + V → C U E V A
2 HCAH + A → H A C H A
3 UTMA + M → M A M U T
4 BITR + U → T R I B U
5 ZORADC + A → C A Z A D O R
6 CHEFL + A → F L E C H A
7 GOFU + E → F U E G O

ORIGEN DEL HOMBRE 25

¿Sabías que...

hace millones de años solo había un supercontinente llamado Pangea?

Para ser más exactos

Hace unos 300 millones de años, mucho antes de la aparición del ser humano en la Tierra, el movimiento de las placas tectónicas unió la mayor parte de las tierras emergidas del planeta. A este supercontinente se le conoce como Pangea, que viene del prefijo griego *pan* que significa 'todo' y de la palabra griega *gea*, que significa 'tierra'. Al fragmentarse se dividió en dos enormes continentes conocidos como Gondwana y Laurasia. Poco a poco se fueron separando hasta formar el mapa que todos conocemos.

La visita

HISTORIETAS DE LOS TEMPO

Cómic

CHISTÓRICOS

Dos niños van camino del colegio con cara de agobio.

— Hoy toca examen, ¡qué ganas tengo de que llegue una glaciación o algo y se extingan las matemáticas!

Un amigo se encuentra a otro que va corriendo con cara de tener mucha prisa.

—¿A dónde vas con tanta prisa?
—A comprar ropa de abrigo. El hombre del tiempo ha anunciado glaciaciones y la extinción de algunos homínidos.

Un niño le dice a su madre:

—¡Mamá, la sopa está ardiendo!
—¡Tendrás que esperarte a la próxima glaciación!

Un amigo le dice a otro:

—Estoy muy cansado. ¡Qué ganas tengo de que inventen la siesta!

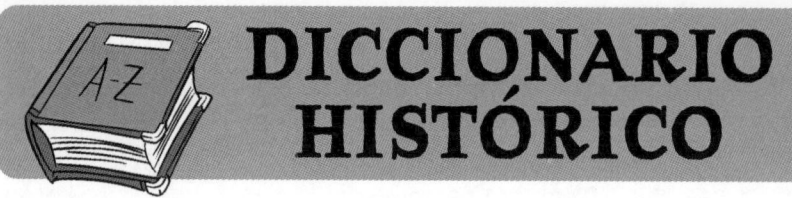

DICCIONARIO HISTÓRICO

Homínido: Se refiere a los mamíferos primates que nos sostenemos sobre dos piernas, en posición erguida, y tenemos el cerebro tan desarrollado que podemos hablar, fabricar herramientas, socializar y pensar (algunos más que otros).

Australopithecus: Género de primates homínidos que jugó un papel muy importante en la evolución humana, pues fue de las primeras especies en diferenciarse de los grandes monos. Su nombre significa 'Simio del sur'. Sus caderas, piernas y pies se parecían más a los de los humanos mientras que su cerebro se parecía al de un chimpancé. Tenía el tamaño del gorila.

Neanderthal: Homínido que evolucionó en paralelo al Homo sapiens. Vivían en grupos organizados, dominaban el fuego y eran capaces de crear herramientas básicas. Sin embargo, aunque el Sapiens fue evolucionando, el hombre de Neanderthal se extinguió. No se conocen las causas, pero algunas hipótesis aseguran que compitió por los recursos naturales, como la caza, con el Sapiens, y salió perdiendo.

Homo habilis: Es el primer homínido que se conoce que usara instrumentos y herramientas fabricadas por él.

Homo sapiens: Somos nosotros, la última evolución del Homo. Solo tienes que mirar a tu alrededor para ver unos cuantos ejemplares. El Homo sapiens es capaz de hacer muchas cosas, entre otras, escribir este libro (o leerlo).

DICCIONARIO HISTÉRICO

Futbolítico: Periodo histórico donde los humanos se aficionaron a dar golpes a pelotas de piedra. Uno de sus más famosos jugadores fue Fosilinho.

Fueguero: En la prehistoria no necesitaban bomberos que les apagaran los fuegos sino todo lo contrario, que los causaran. También rescataban mamuts atrapados en ramas de árboles.

Cesár Piedrán: Famoso adiestrador de mascotas como mamuts o diplodocus.

Piedra Park: Famosa cadena de parques de atracciones donde se podían hacer divertidas actividades como «Enciende tu propio fuego» o «Arráncale un pelo al mamut».

DICCIONARIO HISTÓRICO

Dinosaurios: Grandes reptiles que habitaron la Tierra hace entre 231 y 66 millones de años. A pesar de que en varias películas y novelas se cuente que los Homo sapiens hemos convivido con ellos, es una idea falsa ya que los dinosaurios se extinguieron mucho antes. ¡Un dinosaurio nunca pudo zamparse a un ser humano!

Pangea: Hace millones de años, toda la Tierra formaba parte de un único supercontinente llamado Pangea. Poco a poco se fue fragmentando y dividiendo en los cinco continentes que conocemos hoy.

Gondwana y Laurasia: Los dos supercontinentes (del sur y del norte, respectivamente) que se crearon cuando Pangea sufrió su primera fragmentación —en dos partes— hace unos 208 millones de años, mucho antes de la aparición del ser humano.

Glaciación: Época en que las temperaturas bajaban vertiginosamente y una parte de la superficie de la Tierra se congelaba. Estas glaciaciones dieron paso a la Edad de Hielo. En nuestro planeta se han producido cuatro grandes glaciaciones, la última fue hace unos 10.000 años.

DICCIONARIO HISTÉRICO

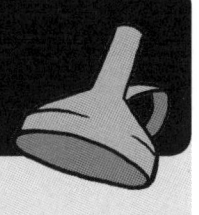

Justin Piedrer:
Ídolo de las adolescentes prehistóricas.

Edad del cartón piedra: Época en la que los humanos construyeron todo con ese material: casas, herramientas, ropa... Duró poco, la primera vez que llovió decidieron comenzar a usar otro material.

Homo golfus:
Homínido espabilado con el cerebro muy desarrollado para no pegar ni golpe mientras el resto inventaba el fuego, cazaba y aprendía a cultivar vegetales. Inventor de la siesta y de la frase «cinco minutos más, ahora voy».

Jamonquesozoico: Época en la que se pusieron muy de moda los bocadillos de jamón y queso. Dio paso al Mesozoico.

Infiltrados históricos

Se nos han colado estos personajes en el libro. No es que nos molesten especialmente, pero llevan un montón de objetos que no corresponden a la época prehistórica. ¿Nos ayudas a encontrar cuáles son?

EL CAZADOR

SE TRATA DEL CAZADOR MÁS FIERO DE LA ÉPOCA. ES CAPAZ DE ENFRENTARSE A GRANDES BESTIAS, COMO POR EJEMPLO MAMUTS. NO SE SABE MUY BIEN PARA QUÉ LLEVA MIRILLA TRATÁNDOSE DE ANIMALES ENORMES, PERO ES QUE ÉL ES UN POCO ESPECIAL. ¿LO PARECE, VERDAD?

UNA COSA QUE NO SE LE PUEDE DISCUTIR AL CAZADOR ES QUE ERA MUY VALIENTE, PUESTO QUE EN LA PREHISTORIA, LOS HUMANOS AÚN ERAN CAZADOS POR GRANDES MAMÍFEROS. ASÍ QUE ANTE UNA GRAN PRESA, DEBÍA DECIDIR SI TENÍA MÁS OPCIONES DE SER EL CAZADOR O LA PRESA. EN EL SEGUNDO CASO, SALÍA CORRIENDO.

ORIGEN DEL HOMBRE 37

Infiltrados históricos
SOLUCIONES

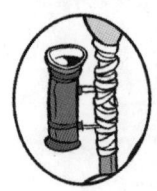

LA MIRILLA ES UN INVENTO MUY POSTERIOR A LA PREHISTORIA. ADEMÁS NO TIENE NINGÚN SENTIDO COLOCARLA EN UNA LANZA, YA QUE CON ELLA NO SE DISPARA...

¡LAS ZAPATILLAS! EN AQUELLA ÉPOCA NO USABAN CALZADO DEPORTIVO. LOS HUMANOS PREHISTÓRICOS PROTEGÍAN SUS PIES DEL FRÍO Y LAS PIEDRAS CON BOTAS HECHAS DE PIEL.

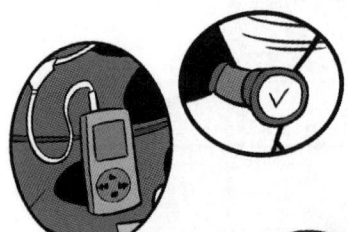

EL RELOJ Y LOS AURICULARES SON APARATOS ELECTRÓNICOS Y EN AQUELLA ÉPOCA NI TAN SIQUIERA SE HABÍA INVENTADO LA ELECTRICIDAD.

¿CÓMO VA A LLEVAR UN MAPA SI TODAVÍA NO SABEN ESCRIBIR? PARA ORIENTARSE, SE FIJABAN EN LA POSICIÓN DEL SOL Y LAS ESTRELLAS.

LAS GORRAS SON UN COMPLEMENTO QUE NO FIGURABA ENTRE LAS PRENDAS DE LOS PREHISTÓRICOS. POR ENTONCES, EL PELO LES CUBRÍA CASI TODO EL CUERPO.

2. PALEOLÍTICO

¡Ya en el Paleolítico!

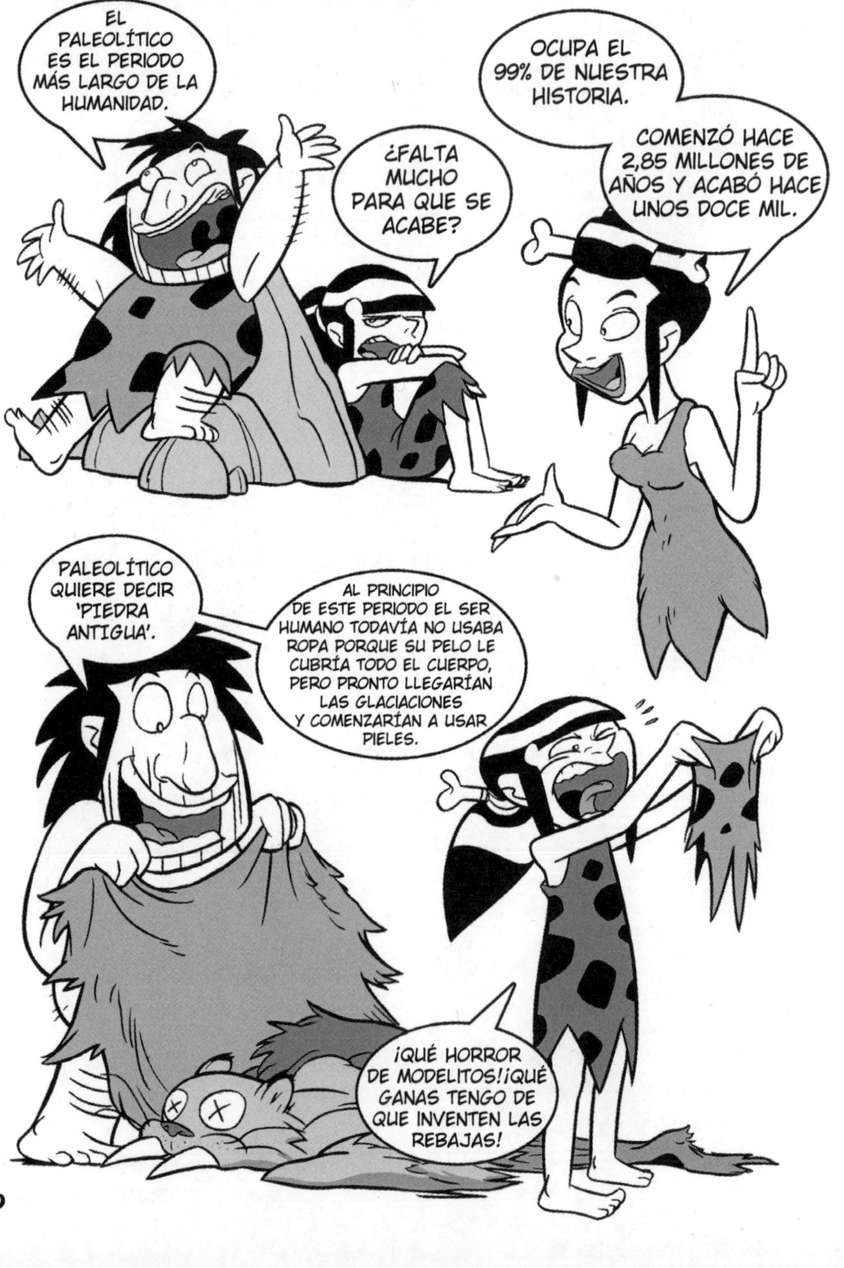

EL HOMBRE DEL PALEOLÍTICO ERA NÓMADA, CAZADOR Y RECOLECTOR.
ESTO QUIERE DECIR QUE IBAN DE UN LUGAR PARA OTRO CONSUMIENDO TODOS LOS RECURSOS QUE ENCONTRABAN. (ANIMALES, FRUTOS, PLANTAS...) Y UNA VEZ ESE TERRITORIO SE QUEDABA SIN COMIDA, SE IBAN A OTRO LUGAR.

HACE DÍAS QUE NO VEMOS NADA QUE CAZAR. TENDREMOS QUE IR A OTRA ZONA.
A VER SI ES UN SITIO CON PLAYA, ESTOY PERDIENDO MI BRONCEADO.

EN INVIERNO VIVÍAN EN CUEVAS, PERO CUANDO LLEGABA EL BUEN TIEMPO SE INSTALABAN EN CAMPAMENTOS.

SE AGRUPABAN EN BANDAS, SE UNÍAN PARA SOBREVIVIR. TODOS HACÍAN DE TODO EN EL GRUPO: CAZAR, RECOLECTAR...

NO TODOS, CLARO...

DURANTE EL PALEOLÍTICO, SE PRODUJERON TERRIBLES ERUPCIONES VOLCÁNICAS, TSUNAMIS, TERREMOTOS... AUNQUE LO PEOR FUERON LAS GLACIACIONES. ESTOS CAMBIOS LLEVARON A LOS PREHISTÓRICOS A VIAJAR Y EXTENDERSE POR TODO EL PLANETA EN BUSCA DE UN LUGAR TRANQUILO.
¿QUÉ ROPA NOS LLEVAMOS, DE GLACIACIÓN O DE ERUPCIÓN VOLCÁNICA?

EN ESTA ÉPOCA ES CARACTERÍSTICO EL USO DE LA PIEDRA TALLADA COMO HERRAMIENTAS DE CORTE Y CAZA. LAS PRIMERAS QUE HICIERON ERAN GRANDES Y PESADAS, BASTANTE COMPLICADAS DE USAR PERO POCO A POCO FUERON MEJORÁNDOLAS.

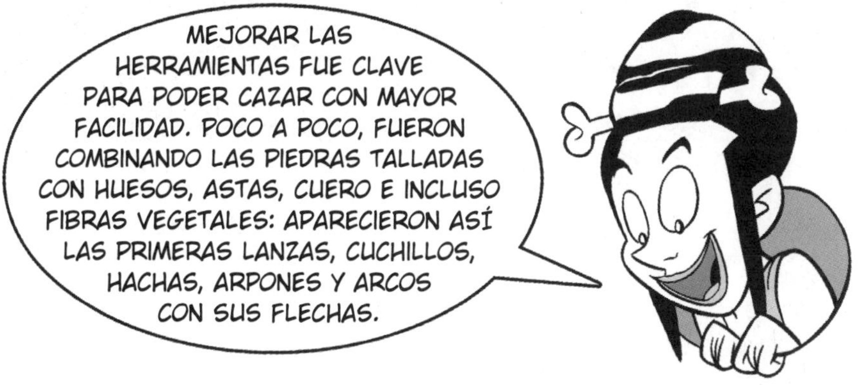
MEJORAR LAS HERRAMIENTAS FUE CLAVE PARA PODER CAZAR CON MAYOR FACILIDAD. POCO A POCO, FUERON COMBINANDO LAS PIEDRAS TALLADAS CON HUESOS, ASTAS, CUERO E INCLUSO FIBRAS VEGETALES: APARECIERON ASÍ LAS PRIMERAS LANZAS, CUCHILLOS, HACHAS, ARPONES Y ARCOS CON SUS FLECHAS.

UN RASCADOR, JUSTO LO QUE NECESITABA.

¿Sabías que...

en el Paleolítico el hombre desarrolló el arte?

¡IGUALITA! ¡COMO DOS GOTAS DE AGUA!

Para ser más exactos

En el Paleolítico surgieron las primeras manifestaciones artísticas, pero al principio se trataba solo de representaciones de animales o escenas de caza. También se hacen las llamadas Venus, con un aspecto similar al que os mostramos aquí abajo, pequeñas esculturas de formas femeninas que se cree que representaban la fecundidad tanto de la tierra (para que diera buenas cosechas) como del clan (para que nacieran muchos niños).

¿Sabías que...

en el Paleolítico la media de vida era inferior a 40 años?

MI HIJO YA ESTÁ HECHO TODO UN HOMBRE.

EL MIO SE CASA EL MES QUE VIENE.

Para ser más exactos

Un 35 % de la población no llegaba a los 20 años y solo cinco de cada cien personas conseguían cumplir los 40. El promedio de vida era de 35 años. Había muchos factores que causaban esto: la falta de alimentos, los peligros de la naturaleza, las enfermedades para las que no tenían remedios... Además, muchos niños morían al nacer o antes de cumplir los tres años. La media de vida del ser humano ha ido aumentando según han pasado los siglos gracias a los avances en alimentación, higiene, medicina, etc. ¿Puedes creer que hoy en día son muchos los que superan los 100 años de vida?

PALEOLÍTICO 49

Encuentra las 12 diferencias

Sudoku

Nuestro amigo Miguel Ángel no consigue descifrar estos extraños códigos. ¿Podrías echarle un cable con tu cerebro de Homo sapiens?

3	7		9	5			2	
1					2	6	3	5
4		2	3	1	6		7	
	1	5	6	8	9	7		
6	4	9				1	8	2
		7	4	2	1	5		6
5	6		2	3	7		1	9
9	8	3					5	7
	2	1		9	5		6	4

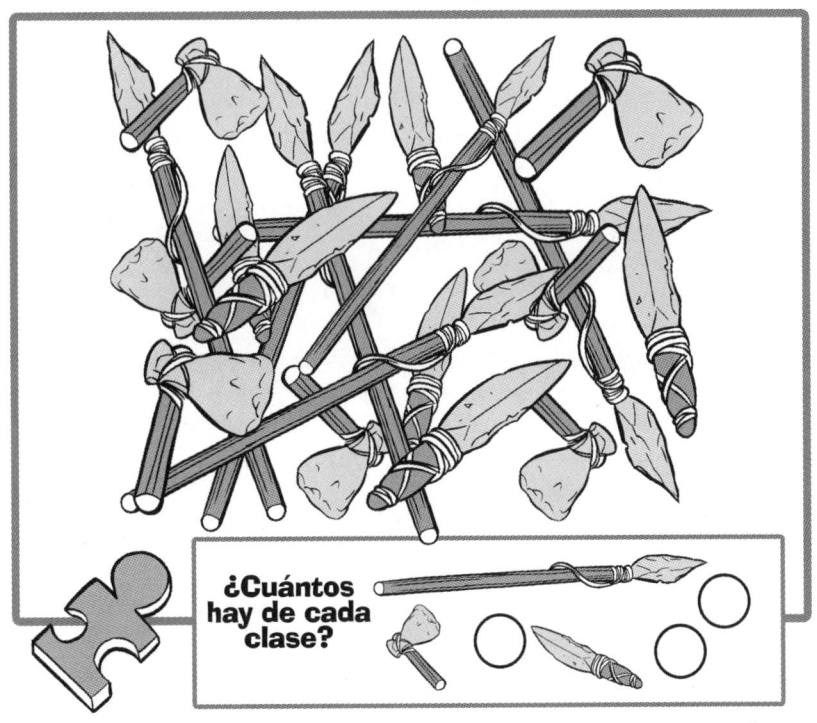

¿Cuántos hay de cada clase?

PALEOLÍTICO 51

¿Sabías que...

el invento del arco y la flecha supuso una gran revolución?

PUES NO SÉ QUÉ LE VEN A ESTO DEL ARCO...

Para ser más exactos

La invención del arco y la flecha supuso un gran avance para el hombre porque pudo comenzar a abatir a las presas sin necesidad de acercarse a ellas. De este modo, no corrían riesgos de ser aplastados o devorados por sus «víctimas».

PALEOLÍTICO **53**

¡Quiero un fuego!

HISTORIETAS DE LOS TEMPO

¡QUÉ FRÍO!

¿QUEDA MUCHO PARA QUE SE ACABE LA GLACIACIÓN?

NO PUEDO MÁS.

NECESITAMOS CALOR.

MIRA, UN FUEGO.

¿HOLA, PODRÍAMOS...?

NO, ES MI CUEVA, FUERA.

¿Y NO PODRÍA... DARNOS UN POCO DE FUEGO?

Cómic

CHISTÓRICOS

Dos hombres consiguen escapar a duras penas de las garras de una bestia salvaje escondiéndose en una cueva.

—Esto se va a acabar —le dice uno a otro exhausto—, voy a ponerme en forma. Correré tanto que estas bestias ni me olerán. ¡Y me pondré tan fuerte que podré aguantar horas!
—¿Y cómo vas a hacerlo? —le pregunta su amigo.
—¡Corriendo delante de bestias salvajes!

● ● ●

Un padre muy enfadado riñe a su hijo:

—¡A dónde vas, ese es el lavabo de Australopithecus!

Un hombre le dice a otro:

—El hechicero de la tribu me ha dicho que tengo piedras en el riñón.
—¿Y eso es grave? ¿Tienes que tomar algo?
—Me ha dicho que no me preocupe, que es cosa de la edad.

● ● ●

—¿Mamá, puedo ir a la charca a bañarme? —pregunta una niña.
—No, que está lleno de criaturas peligrosas.
—¡Pero si los Australopithecus solo van por las mañanas!

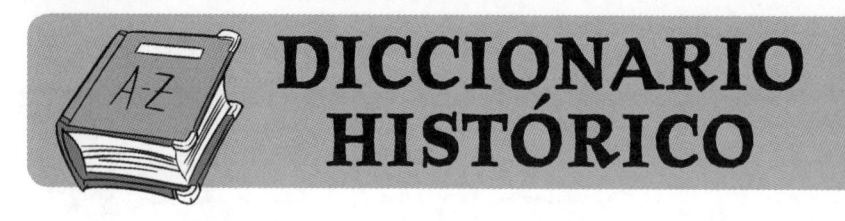

DICCIONARIO HISTÓRICO

Mamut: Antepasado peludo del elefante, ya extinguido. Los primeros hombres lo cazaban para alimentarse y usar sus pieles. Sus colmillos eran mucho más largos que los de los elefantes.

Nómada: Modo de vida de algunas comunidades, que van de un sitio para otro, en vez de vivir en un lugar fijo. Es propio de sociedades cazadoras y recolectoras, que abandonaban el área cuando se habían acabado todos los frutos y la caza de la zona e iban en busca de un nuevo hogar donde instalarse una temporada.

Túmulo: Es un montón de piedras y tierra levantado sobre una o más fosas, de manera que se crea una pequeña montaña artificial. Se comenzó a hacer con piedras que cubrían solo la parte donde se había colocado el cuerpo del difunto, pero poco a poco se convirtieron en construcciones mucho más grandes. Con el tiempo comenzó a usarse también como señal para marcar territorios y prevenir a forasteros y extraños de que estaban entrando donde no debían (un antecedente del «Cuidado con el perro»).

DICCIONARIO HISTÉRICO

Piedramóvil: Vehículo del que todas sus partes están hechas con piedras: las ruedas, los asientos, el volante... No había forma de moverlo pero quien no tuviera uno no estaba a la última.

Ratoncito Piedrez: Cuando a un niño se le caía un diente, este simpático ratón venía por la noche, se llevaba el diente y dejaba una piedra en su lugar. No tuvo mucho éxito.

Homo torpus: A diferencia del Homo habilis, el torpus era incapaz de hacer la «o» con un canuto. Se extinguieron rápidamente.

Piedrock: Uno de los primeros estilos musicales de la historia, consistía en golpear piedras hasta que la audiencia se levantaba y se iba o bien lanzaba cosas a los artistas.

PALEOLÍTICO

DICCIONARIO HISTÓRICO

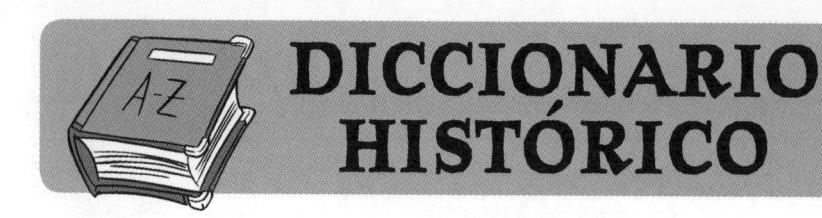

Canto tallado: Son rocas manejables, como un guijarro o un pequeño bloque, con un lado afilado, que puede cortar. Es la herramienta más antigua que fabricó el ser humano.

Cuevas: En estas cavidades rocosas vivieron durante muchos siglos los homínidos. Para algunos era su hogar, para otros un sitio donde refugiarse en una tormenta o donde esconderse de los depredadores. El fuego convirtió las cuevas en un lugar algo más acogedor y cálido.

Abrigo rocoso: Son cuevas poco profundas y protegidas por una cornisa. Los usaban nuestros antepasados como refugio o como sepultura. Son muy importantes porque en ellos se han encontrado muchas muestras de cómo era la vida en la prehistoria.

DICCIONARIO HISTÉRICO

Piedromonstruos coleccionables: Figuras de piedra que volvían locos a los más pequeños. Sobre todo debido a lo difícil que era distinguir una figura de otra, ya que el ser humano aún no había desarrollado mucho la escultura. Alguno decía que todas eran iguales.

Mamutaxi: Sistema de transporte a bordo de mamuts donde la mayoría de pasajeros acababan pisoteados por el animal o con alguna pierna rota al caer desde lo alto del mamut. El negocio acabó convirtiéndose en un restaurante de hamburguesas de mamut.

Circo de piedras: Espectáculo cuyas principales atracciones eran las piedras amaestradas, piedras equilibristas o piedras trapecistas. Y piedras era lo que arrojaba el público al dueño del circo antes de que se acabara el *show* si no era muy bueno.

Infiltrados históricos

Se nos han colado estos personajes en el libro. No es que nos molesten especialmente, pero llevan un montón de objetos que no corresponden a la época prehistórica. ¿Nos ayudas a encontrar cuáles son?

LA PRESUMIDA

LE GUSTA IR SIEMPRE A LA ÚLTIMA Y MARCANDO ESTILO, AUNQUE SEA PARA SACAR A PASEAR AL PERRO O IR A POR EL PAN.
COMPRA EL PERIÓDICO CADA DÍA PERO SOLO LE INTERESA LA SECCIÓN DE MODA, LOS PASATIEMPOS Y LA PROGRAMACIÓN DE LA PIEDRATELE.
ES UNA INCONDICIONAL DE LOS CONCURSOS CANINOS. SU PERRO SUELE COMPETIR EN LAS CATEGORÍAS DE "PERRO MÁS MONO", "PERRO MÁS PEQUEÑO" Y "LUCHA CONTRA DIENTES DE SABLE".
VISTE ROPA CÓMODA, Y SIEMPRE A JUEGO CON EL COLLAR DE SU PERRITO.

PALEOLÍTICO **63**

Infiltrados históricos
SOLUCIONES

A PESAR DE QUE EL PAN NO TARDARÍA TANTO EN LLEGAR COMO LOS OTROS OBJETOS, AUN NO PODÍAN NI IMAGINARSE LA DE COSAS QUE PODRÍAN HACER CON HARINA.

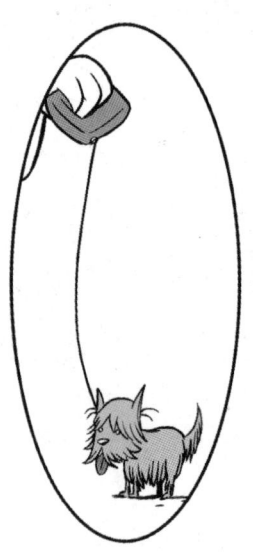

LOS PRIMEROS ANIMALES QUE SE DOMESTICARON NO FUERON ESTE TIPO DE PERROS Y MUCHO MENOS SE PREOCUPARON POR HACERLES CORREAS PARA PODER PASEARLES.

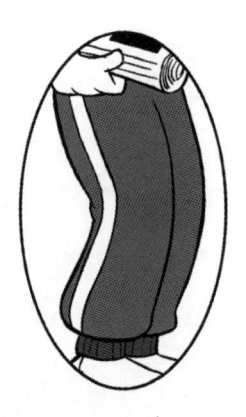

EN AQUELLA ÉPOCA COMBINABAN PIELES COMO PODÍAN PARA TAPARSE. LOS CHÁNDALES LLEGARÍAN EN LLEGAR.

LA GENTE SE INFORMABA BOCA A BOCA DE LO QUE OCURRÍA EN LAS INMEDIACIONES.

3
NEOLÍTICO

¿NÓMADAS? NUNCA MÁS

NEOLÍTICO QUIERE DECIR 'PIEDRA NUEVA'. LOS RESTOS DE HERRAMIENTAS QUE SE HAN ENCONTRADO DE ESTA ÉPOCA SON DE PIEDRAS PULIMENTADAS, ES DECIR QUE HAN SIDO LIJADAS CON CUIDADO PARA CONSEGUIR QUE TODAS SUS PARTES SEAN IGUALES, EN LUGAR DE LAS TALLADAS, A LAS QUE SE LES DABA FORMA A GOLPES,

¿LLEVAS UNA PIEDRA TALLADA? ¡ESO ES MUY DEL PALEOLÍTICO!

ESTA ÉPOCA SE CARACTERIZA PORQUE LOS SERES HUMANOS DESCUBRIERON LA AGRICULTURA Y EL PASTOREO Y DEJARON DE SER NÓMADAS. SE ACABÓ EL IR DE UN SITIO PARA OTRO EN BUSCA DE COMIDA.

EL HOMBRE SE VUELVE SEDENTARIO Y SE ALEJA DE LAS CUEVAS. CONSTRUYE VIVIENDAS PARA SU FAMILIA Y ESTABLOS PARA LOS ANIMALES. SIEMPRE CERCA DE RÍOS Y ARROYOS, PARA APROVECHAR LA PESCA Y EL AGUA.

¿DÓNDE ESTÁ LA CHARCA DE BURBUJAS? ¿Y LA CHARCA CON TRAMPOLÍN?

SE FORMAN TRIBUS Y SUS MIEMBROS SE REPARTEN LOS TRABAJOS, CADA UNO COMIENZA A ESPECIALIZARSE EN UNA LABOR. DE ESA FORMA TODOS CONTRIBUYEN AL BIEN DE LA COMUNIDAD CON LO MEJOR QUE SABEN HACER. ESO PROPICIARÁ QUE APAREZCAN LOS PRIMEROS ARTESANOS COMO TEJEDORES, ALFAREROS O SASTRES.
YO ME ENCARGO DE QUE TODO EL MUNDO VAYA A LA MODA.
YO SOY EL ENCARGADO DE LAS SIESTAS.
YO ROMPO COSAS.

LA NUEVA FORMA DE VIDA DEL SER HUMANO BASADA EN EL CULTIVO Y LA GANADERÍA HIZO QUE LOS PUEBLOS VECINOS COMENZARAN A RELACIONARSE PARA INTERCAMBIAR PRODUCTOS. PERO COMO NO HABÍA MONEDAS, SE INTERCAMBIABAN COSAS. ESTE SISTEMA SE LLAMA TRUEQUE.
CUANDO ALGUNOS ACUMULAN MÁS ALIMENTOS O BIENES QUE OTROS, APARECIÓ EL SENTIDO DE PROPIEDAD: EN LUGAR DE SER TODO «NUESTRO», HAY COSAS «MÍAS» Y COSAS «TUYAS».

Si hasta el momento todo el mundo hacía de todo (cazaban y recolectaban), con la aparición de los poblados se fueron diferenciando más las funciones que desempeñaba cada uno.

EL JEFE SE ENCARGABA DE ORGANIZAR A LA TRIBU Y NEGOCIAR CON LOS VECINOS.

LOS HECHICEROS BUSCABAN EL FAVOR DE LOS DIOSES Y ESPÍRITUS. ADEMÁS EMPEZARON A CUIDAR DE LOS PRIMEROS TEMPLOS. ERAN MUY PODEROSOS.

LOS ARTESANOS CREABAN PIEZAS DE ROPA Y OTROS UTENSILIOS COMO JARRAS Y RECIPIENTES PARA ALMACENAR LAS COSECHAS.

LOS GUERREROS, PROTEGÍAN EL PUEBLO DE ATAQUES Y LUCHABAN CUANDO ERA NECESARIO.

LOS AGRICULTORES Y GANADEROS CULTIVABAN LA TIERRA Y CUIDABAN DE LOS REBAÑOS.

Y LUEGO ESTABAN LOS ENCARGADOS DE LA SIESTA, QUE BUSCABAN SITIOS CÓMODOS PARA ELLO.

NEOLÍTICO

¿Sabías que...

en el Neolítico se comenzaron a domesticar los primeros animales, como el perro, el cerdo, las ovejas y las cabras?

Para ser más exactos

Lo primero que amaestró el hombre fueron pequeños cachorros salvajes, perros a los que ofrecían los restos de sus comidas. Pronto se acostumbraron a tener otro tipo de animales cerca, en manada, descubriendo lo útil que es tener una reserva de caza al ladito de casa. Los primeros animales que domesticó el hombre para la cría fueron ganado: cerdos, cabras, ovejas y gallinas. Con el tiempo descubrieron que, además de su carne, podían usar su pelo, sus pieles, sus excrementos... E incluso que podían cargar y tirar de objetos pesados.

NEOLÍTICO 73

¿Sabías que...

en el Neolítico cobró importancia la figura del mago?

Y AHORA, COGE UNA PIEDRA DEL MONTÓN Y ENSÉÑASELA AL PÚBLICO SIN QUE YO LA VEA.

Para ser más exactos

Más que magos, hablaríamos de hechiceros, chamanes o brujos, hombres o mujeres sabios que, con sus hechizos y rituales, alejaban las malas energías, atraían la buena suerte o incluso conseguían un clima propicio (para que lloviera cuando lo necesitaban las cosechas, por ejemplo). Aparecían así las primeras religiones, cuyos espíritus y dioses eran el sol, la tierra, el río o la lluvia.

NEOLÍTICO

¡Menudo lío!

¡Vaya desastre! El dibujo está incompleto y Miguel Ángel es incapaz de encontrar las piezas las piezas que faltan ¡Ayúdale antes de que le duela la cabeza!

Animales locos

Los padres de Wakaugh le han hecho una piedralista con los animales que necesitan para su granja. Pero nuestro amigo ha tropezado y se le han desordenado todos los nombres. ¡Menudo lío! Ayúdale a reescribir la lista y, de paso, indícale cuál de los animales no llegó a domesticarse nunca. ¡Sería imposible tenerlo en una granja!

ARBCA → _ _ B _ _
ROREP → _ _ R R _
AVCA → _ _ _ A
LLAGIAN → G _ _ _ _ _
TUAMM → _ _ _ _ T
OTGA → _ A _ _
POTA → _ _ T _
OEDRC → C _ _ _ _
YUEB → _ U _ _
JEVOA → _ V _ _ _

Trabalenguas prehistórico

El cielo está empedrado
¿Quién lo desempedrará?
El desempedrador que lo desempiedre,
buen desempedrador será.

¿Sabías que...

en el Neolítico aparecen las primeras murallas?

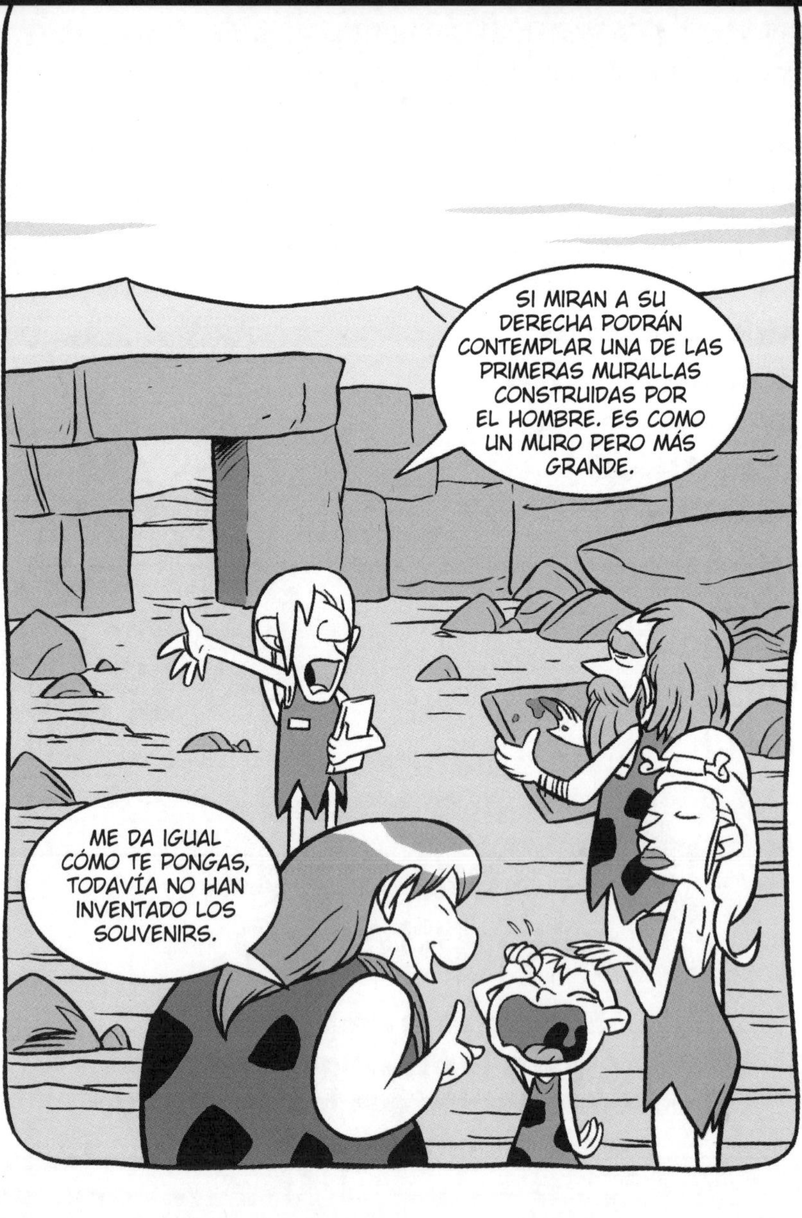

Para ser más exactos

La expansión de la humanidad y la aparición de la idea de «propiedad privada» hicieron que los individuos buscaran formas para proteger sus pertenencias. Por otro lado, al tomar contacto con otros pueblos vecinos, se desarrolló la preocupación de que estos pudieran ir a quitarles sus cosas.

HABITACION DE MIGUEL ANGEL PROHIBIDO EL PASO

El espantapájaros

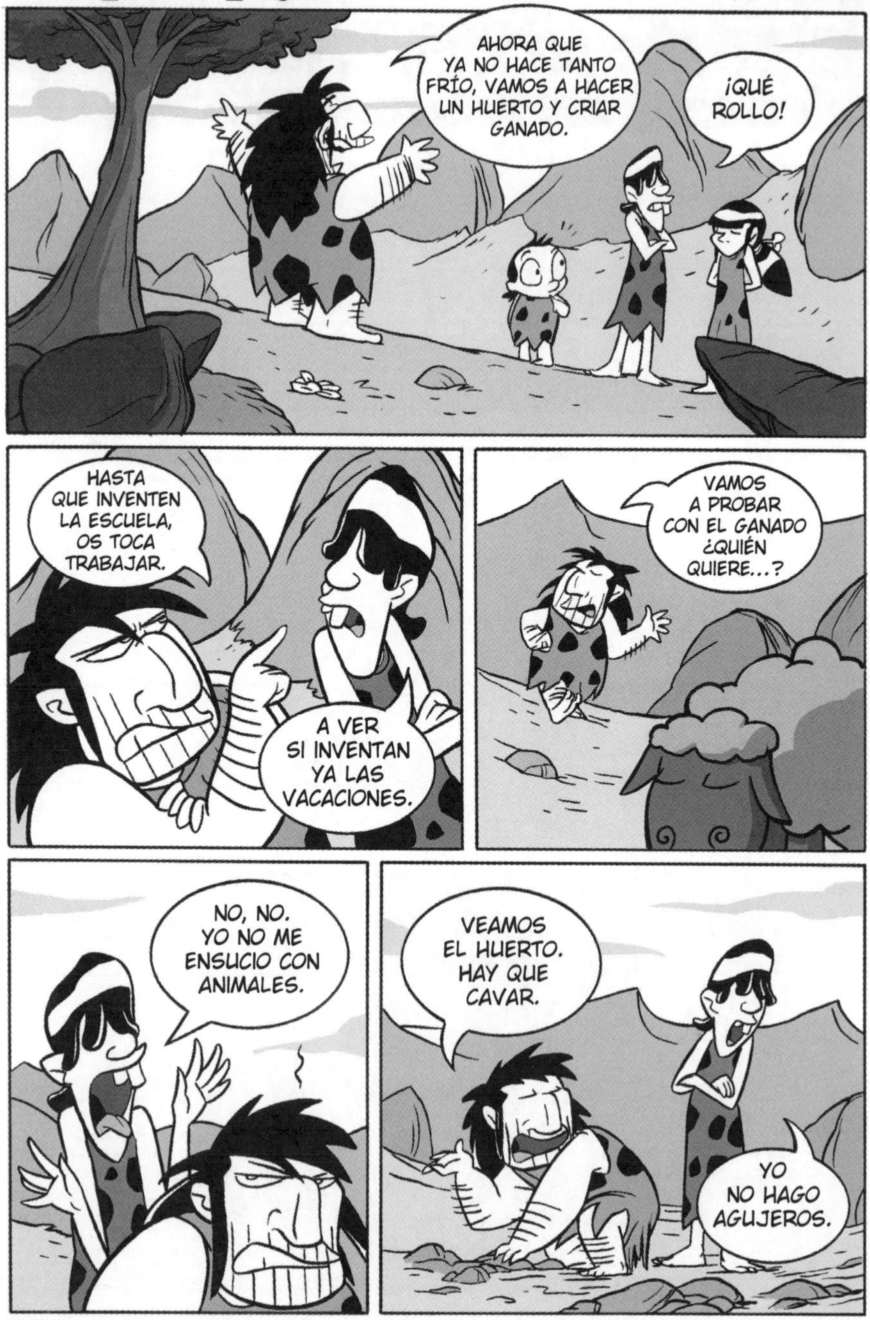

Cómic

PLANTAR.

NO.

LUEGO HAY QUE REGAR PARA QUE CREZCAN.

PREFIERO NO ACERCARME MUCHO AL AGUA.

Y CUANDO CREZCA, TENDREMOS QUE RECOGERLA.

YO NO ME AGACHO, TENGO LA ESPALDA DELICADA.

¿Y QUÉ PUEDO HACER CONTIGO?

ALGO FÁCIL Y RÁPIDO.

O MEJOR NADA.

¡BAJADME DE AQUÍ!

¡ME PICA LA ESPALDA!

¡TENGO HAMBRE!

CHISTÓRICOS

—Cuando fui a la guerra de… —le dice un abuelo a su nieto.
—¡Pero si aún no han inventado las guerras! —le replica el pequeño.
—Ni tampoco las obras, así que tengo que distraerme con algo.

Un niño le dice a su madre:

—Mamá, este mamut está muy duro.
—No te quejes, el colmillo es lo más rico del animal.

Un amigo se encuentra a otro al que hace tiempo que no ve. Se sorprende porque va acompañado de dos dóciles mamuts.

—¡No sabía que tenías dos mamuts como mascotas!
—Sí, se llaman Abrigo de pieles y Tienda de campaña.
—¿Y viven mucho estos animales?
—Bueno, ya se acerca el invierno…

● ● ●

Una mujer le dice a su marido:

—Tenemos que hablar con la profesora de nuestro hijo.
—¿Por qué? ¿Va mal en sus estudios?
—No, pero como sigan mandándole tantos deberes se nos van a acabar las paredes.

DICCIONARIO HISTÓRICO

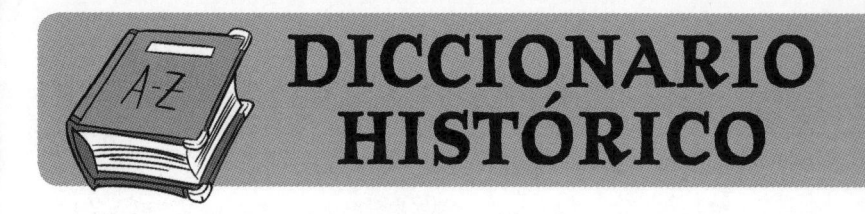

Piedra pulimentada: Piedra lijada con mucho cuidado, gracias a lo que se obtienen puntas más afiladas y duraderas. Sustituyó a la piedra tallada a golpes, más rudimentaria.

Trueque: Sistema de intercambio por el cual uno obtiene lo que desea entregando a cambio otro objeto de igual valor. Es el origen del comercio, que luego se revolucionaría con la invención de la moneda.

Domesticar: Criar a un animal para tener a mano alimentos frescos, lana o pieles sin necesidad de salir a cazar. Algunos animales también se criaron para convivir con los seres humanos, es decir, ser animales de compañía.

Dientes de sable: Enormes mamíferos con los colmillos superiores muy desarrollados y curvados, con la forma de un sable, que les permitían cazar animales de mayor tamaño que ellos. Aunque ya existían millones de años antes que el ser humano, llegaron a convivir con él.

DICCIONARIO HISTÉRICO

Homo deportis: Homínido aficionado al deporte. No le importaban lo más mínimo los riesgos de extinción o glaciación siempre que por ello no se suspendiera el partido de su equipo favorito.

Homo marmotus: Homínido que dedicaba todos sus esfuerzos a no hacer ningún esfuerzo. Se pasaba el día tumbado y durmiendo. Todos los restos que se han encontrado de esta especie estaban en posición de descanso cómodo.

Tertuliapithecus: Homínido poco evolucionado que se dedicaba a hacer tertulias para contar cotilleos de otros miembros de la tribu. Algunos estudiosos afirman que aún existen ejemplares de esta especie.

Heladización: Época en la que todo el mundo se aficionó a los helados. Se han encontrado números fósiles de cucuruchos de helado y polos de fresa.

DICCIONARIO HISTÓRICO

Guerreros: Grupo de hombres de la tribu cuya misión era defender el poblado de los ataques enemigos. A su vez, eran los encargados de atacar a otras tribus.

Arado: Herramienta grande que se usa para abrir surcos y remover la tierra antes de plantar. Al principio los humanos tiraban él pero cuando comenzaron a domesticar animales les dejó a ellos esa tarea. Y con ello se acabaron las peleas para ver a quién le tocaba tirar del arado.

Ritual: Ceremonia de hechicero para contactar con los espíritus. Solo ellos podían hacer los gestos, los cánticos y las acciones especiales, y eso les hacía ganarse el respeto del resto de la tribu.

Sedentarismo: Modo de vida según el cual una comunidad permanece en un mismo lugar. Además se crea un sistema para cultivar y para criar animales sin que se agoten los recursos. Es lo contrario a ser nómada.

DICCIONARIO HISTÉRICO

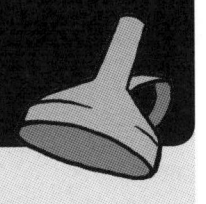

Gorroneo: Modo de vida que consistía en vagar de una tribu a otra aceptando su hospitalidad hasta que, hartos de que los gorrones no hicieran nada, les expulsaban a pedradas.

Chistoso: Con la distribución de tareas en los pueblos y tribus surgió también la figura del chistoso, encargado de amenizar los festejos de la tribu. Cuando sus chistes eran demasiado malos, el chistoso era castigado y se usaba como cebo para la siguiente cacería de mamuts.

Abrigo rocoso: Ropa de abrigo confeccionada con un montón de piedras unidas. Protegía bien del frío pero impedía recorrer largos trayectos, ya que a los pocos pasos el homínido se quedaba sin fuerzas, agotado.

Piedranic: Uno de los primeros intentos de conseguir una embarcación para poder desplazarse por vía acuática. El que estuviera hecho de piedra puede que influyese en que siempre se hundiera.

Infiltrados históricos

Se nos han colado estos personajes en el libro. No es que nos molesten especialmente, pero llevan un montón de objetos que no corresponden a la época prehistórica. ¿Nos ayudas a encontrar cuáles son?

EL REY DE LAS OLAS

SU ÚNICA OBSESIÓN ES ACERCARSE A LA PLAYA PARA CABALGAR SOBRE LAS OLAS. PERO COMO SU TABLA ES DE PIEDRA NO FLOTA DEMASIADO... EN REALIDAD, NADA DE NADA. PERO ÉL SIGUE CON SU EMPEÑO, ESPERANDO A QUE LLEGUE LA EDAD DEL SURF. GASTA ENORMES CANTIDADES DE CREMA SOLAR, PARA PROTEGERSE DEL SOL Y PARA UNTARSE LOS BOCADILLOS CUANDO TIENE HAMBRE.

NEOLÍTICO 89

Infiltrados históricos
SOLUCIONES

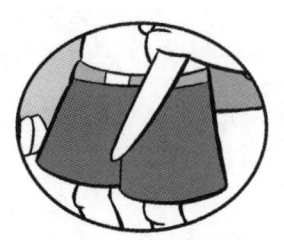

SI ALGUIEN ENTRABA EN EL AGUA LO HACÍA DESNUDO O CON ALGUNA PIEL ENCIMA PERO NUNCA CON UN BAÑADOR.

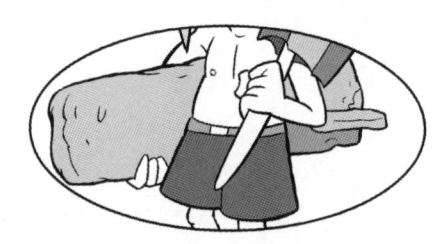

APARTE DE QUE UNA TABLA DE SURF DE PIEDRA PARECE UNA IDEA MUY LOCA SI ALGUIEN QUIERE FLOTAR, EL SER HUMANO AÚN TARDARÍA EN ENCONTRAR ESTA FORMA DE CABALGAR LAS OLAS.

LO MÁS PARECIDO A UN CÓMIC ERAN LAS PINTURAS RUPESTRES QUE SE PODÍAN ENCONTRAR EN ALGUNAS PAREDES.

NI USABAN, NI SABÍAN, NI PODÍAN LLEGAR A IMAGINAR QUE EL HOMBRE INVENTARÍA UNA CREMA PARA PROTEGER SU PIEL DE LA LUZ SOLAR.

4 EDAD DE LOS METALES

ADIÓS A LAS HERRAMIENTAS DE PIEDRA

EL HOMBRE LLEGA A LA EDAD DE LOS METALES, PERO MIENTRAS ALGUNOS COMIENZAN A MANEJARSE EN LA MANIPULACIÓN DEL COBRE, OTROS PUEBLOS SIGUEN VIVIENDO COMO SI ESTUVIERAN EN PLENO PALEOLÍTICO. EN LAS DIFERENTES ZONAS Y CONTINENTES DE LA TIERRA NO SE EVOLUCIONA DE LA MISMA FORMA NI AL MISMO TIEMPO.

EL GRAN DESCUBRIMIENTO QUE DA NOMBRE A ESTA EDAD ES LA METALURGIA, ES DECIR LA TECNOLOGÍA QUE PERMITE A LOS HOMBRES TRABAJAR EL METAL PARA CONSTRUIR INSTRUMENTOS Y HERRAMIENTAS. AUNQUE LOS EXPERTOS NO SE PONEN DE ACUERDO EN CÓMO Y CUÁNDO PASÓ, ESTÁ CLARO QUE EL HOMBRE APRENDE A MANEJAR EL METAL COLOCÁNDOLO EN RECIPIENTES DEPOSITADOS SOBRE EL FUEGO. PARA PROVEERSE DE MATERIALES CON LOS QUE TRABAJAR, SE DESARROLLÓ TAMBIÉN LA MINERÍA.

AUNQUE NO SALGA EN LOS LIBROS, EL VERDADERO GRAN DESCUBRIMIENTO DE ESTA ÉPOCA ES MI INVENCIÓN DE LA SIESTA TRIPLE.

EDAD DE LOS METALES

ESTA EDAD SE DIVIDE EN TRES GRANDES ETAPAS A LAS QUE DAN NOMBRE LOS METALES QUE EL HOMBRE FUE DESCUBRIENDO Y USANDO PRINCIPALMENTE DURANTE ESTOS PERIODOS. AUNQUE EL HOMBRE USÓ OTROS MATERIALES COMO EL ORO O LA PLATA, ESTOS TRES FUERON LOS MÁS EMPLEADOS PARA LA FABRICACIÓN DE HERRAMIENTAS O ARMAS ¡AHORA SÍ QUE ERAN RESISTENTES!

EDAD DEL COBRE

EDAD DEL BRONCE

EDAD DEL HIERRO

EL PRIMER METAL QUE TRABAJÓ EL SER HUMANO MEDIANTE LA METALURGIA ERA EL COBRE PORQUE ERA MUY FÁCIL MANEJARLO. LUEGO LLEGARÍA LA MEZCLA DE COBRE Y ESTAÑO, EL BRONCE, QUE TIENE MEJORES CUALIDADES COMO UNA MAYOR RESISTENCIA Y SER MUCHO MÁS FÁCIL DE FUNDIRLO Y DARLE FORMA. EL CÓMO EL HOMBRE SE DECIDIÓ A MEZCLAR COBRE CON ESTAÑO ES UN MISTERIO.

¡LLEVA ESTE COBRE A FUNDIR PERO NI SE TE OCURRA MEZCLARLO CON EL ESTAÑO!

EDAD DE LOS METALES 95

EL NUEVO MATERIAL PERMITE QUE EL SER HUMANO MEJORE EN LA AGRICULTURA GRACIAS A LA FABRICACIÓN DE TODO TIPO DE HERRAMIENTAS QUE LE AYUDAN A SEMBRAR Y RECOLECTAR. TAMBIÉN MEJORAN LAS ARMAS, LO QUE HACE QUE EVOLUCIONEN LAS ESTRATEGIAS DE CAZA, Y TAMBIÉN LAS DE LUCHA. EL PUEBLO QUE AVANZA MÁS EN LA MANIPULACIÓN DE LOS METALES, CONSIGUE ARMAS Y HERRAMIENTAS MÁS PODEROSAS. TODO ELLO PROVOCA QUE SE POTENCIEN AÚN MÁS LAS SEPARACIONES ENTRE CLASES Y TRIBUS.

MIRA, AHÍ VIENEN LOS LOCOS DE LA TRIBU DE AL LADO CON SUS ARMAS DE METAL, ESA TONTERÍA QUE HAN DESCUBIERTO.

¡DONDE ESTÉ UNA BUENA LANZA DE MADERA Y HUESO, QUE SE QUITE CUALQUIER COSA!

¿ESTÁS SEGURO!

En la Edad de los Metales, la principal manifestación artística no se realizó con metal, sino con piedra: son los monumentos megalíticos (Megalito significa: 'piedra enorme'). Algunos ejemplos son:

Menhir: Una gran piedra colocada verticalmente, con un trozo enterrado para que se sostenga.

Dolmen: Varias piedras colocadas en vertical y una sobre ellas, en horizontal, formando algo parecido a un arco o un portal.

Crómlech: Conjunto de menhires dispuestos en círculo.

¡YO QUIERO UN CRÓMLECH! ¡ES EL ÚNICO QUE FALTA A MI COLECCIÓN!

EDAD DE LOS METALES

¿Sabías que...

el hombre prehistórico
ya comía quesos y yogures?

Para ser más exactos

El ser humano desarrolló la ganadería y comenzó a obtener nuevos productos del ganado, como el queso o el yogur. También aprendió a conseguir lana de las ovejas y a domesticar otros animales.
Pero aún faltaban varios miles de años para que, con la compra de yogures, regalaran cromos y pegatinas coleccionables.

¿Sabías que...

los pueblos que conseguían crear armas de metal se imponían sin esfuerzo a las tribus menos evolucionadas?

¡MAMÁ! ¡TE TENGO DICHO QUE NO USES MI HACHA DE GUERRA PARA CORTAR LA CARNE!

Para ser más exactos

Al principio el hombre construyó armas combinando la piedra pulimentada con cobre, ya que este material era muy fácil de manejar. A medida que aprendió a fundir otros metales, sus armas fueron más poderosas y las diferencias entre pueblos se hicieron más palpables, permitiendo que los más avanzados pudieran saquear y controlar más territorios.

Herramientas

El bueno de Aristóteles ha reunido un montón de herramientas. ¿Quieres ayudarle a ordenarlas? Busca en el dibujo las que se usaban en la prehistoria. Luego, escribe para qué servía cada una de ellas. Parece que nuestro amigo anda un poco despistado...

1 **HACHA.** Servía para ....
....
2 **AGUJA.** Servía para ....
....
3 **PIEDRA TALLADA.** Servía para ...
....
4 **HOZ.** Servía para ....
....

Encuentra las 12 diferencias

EDAD DE LOS METALES 103

¿Sabías que... la invención de la vela revolucionó los transportes?

HE DECIDIDO MODERNIZARME Y TIRAR LA CASA POR LA VENTANA.

ME HE GASTADO TODOS MIS AHORROS EN UNA VELA Y ASÍ PODRÉ NAVEGAR MÁS LEJOS. HE ENVIADO A MI HIJO A POR UNA.

Para ser más exactos

La invención de la vela permitió al hombre avanzar mucho en las técnicas de navegación. Hasta ahora no se atrevía a hacer largos viajes, pero gracias a la vela podían viajar más rápido y acompañados a lugares lejanos. Además de intercambiar materiales y enriquecerse con el comercio, la navegación les permitió conocer a otras tribus y aprender cosas nuevas.

Un duro trabajo

HISTORIETAS DE LOS TEMPO

UN POCO MÁS A LA DERECHA.

CON CUIDADO.

CON ESTAS TENEMOS QUE HACER UN CÍRCULO.

¿YA ARF... ESTÁ?

¡NECESITO DOS MENHIRS MÁS!

¿QUÉ? LA TIENDA ESTÁ EN LA OTRA PUNTA DEL POBLADO.

Cómic

CHISTÓRICOS

Un hombre está a punto de salir de caza con el resto de cazadores de la tribu. En la puerta, la mujer le dice:

—Mira a ver si cazas algún animal rosa o azul, que ya estoy hasta el gorro de este abrigo de mamut marrón.

● ● ●

Un amigo le pregunta a otro:

—¿Sabes la diferencia entre una zanahoria y un dientes de sable hambriento?
—No —le contesta el amigo.
—Pues espero que corras muy rápido.

Dos amigos están dando un paseo, y uno le dice al otro:

—Dicen que ha llegado un circo a la ciudad con un gran hechicero, un tragafuegos, mamuts y otras bestias amaestradas.
—La última vez que fui al circo resultó una estafa. El hechicero no hacía nada y las bestias eran hombres disfrazados con cuatro pieles, gruñendo y simulando que eran animales peligrosos. Hicieron tanto ruido que acabaron por venir unos dientes de sable auténticos y se los comieron.

—Ah, pues yo creo que me voy a acercar a ver.

—Yo también.

DICCIONARIO HISTÓRICO

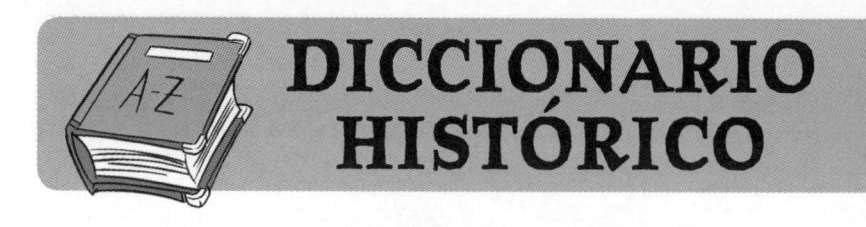

Construcción megalítica: Así llamamos a las construcciones hechas con grandes piedras (a las que conocemos como megalitos). Las hay de varias formas y tamaños, y no se sabe el porqué de su existencia. Se cree que algunas eran tumbas y otras, simplemente, una forma de arte.

Metalurgia: Proceso por el cual el ser humano aprendió a obtener metal de los minerales y, con él, elaborar herramientas más sólidas y duraderas. Este descubrimiento supuso una auténtica revolución y fue un paso adelante en la evolución.

Moldes: Recipientes que sirven para dar forma a los líquidos, que al enfriarse y volverse sólidos, adoptan la silueta de dicho recipiente. En la prehistoria el hombre los usó para elaborar herramientas o armas. Bastaba con calentar el metal a altas temperaturas hasta hacerlo líquido. Luego se vertía en el molde y, al enfriarse, se obtenía una pieza de gran dureza y flexibilidad.

DICCIONARIO HISTÉRICO

Discobronce: Lugares adonde ir a bailar el fin de semana y divertirse. Como aún no se habían inventado los discos, la gente iba y se miraban los unos a los otros, aburridos. No tuvo mucho éxito.

Piedrocesto: Deporte muy popular en el Neolítico. Como todavía no habían inventado las canastas, se limitaban a pasarse la piedrota de un lado para otro hasta que se cansaban y se iban a hacer algo más divertido como, por ejemplo, golpearse entre ellos con cachiporras.

Hechicero Perruno: Era el veterinario prehistórico, encargado del bienestar de los animales. Los curaba con sus rituales. Como ningún paciente se quejaba, tardaron en darse cuenta de que sus servicios no servían de mucho.

Comida rápida: Se llamaba así a todas las presas capaces de correr tanto que se hacía difícil cazarlas.

DICCIONARIO HISTÓRICO

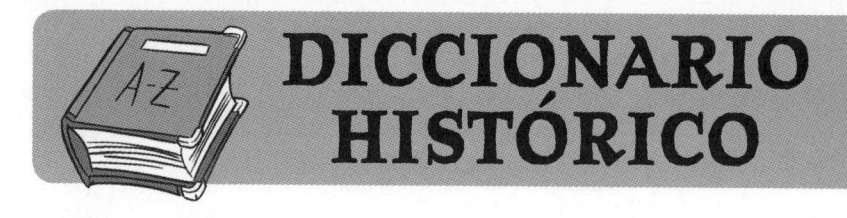

Minería: Es la obtención de minerales o piedras preciosas de la corteza terrestre. Al principio estos materiales se conseguían simplemente excavando la tierra o en las cuevas. Pero más adelante el ser humano localizó montañas donde había grandes cantidades de ellos y construyó minas a propósito para extraerlas. Con estos minerales se obtenía el metal.

Estaño: Es un metal muy maleable, es decir, que puede moldearse. El ser humano prehistórico lo mezcló con el cobre y obtuvo el bronce, un material mucho más resistente y fácil de trabajar. El estaño también se usa para proteger el cobre o el hierro o para hacer menos frágil el vidrio.

Aleación: Mezcla de dos elementos, uno de los cuales siempre es un metal. El resultado es un material que combina las propiedades de sus dos integrantes. El acero, por ejemplo, es una aleación de hierro y carbono, pero no llegaría hasta mucho más tarde.

Alfarería: Técnica que permite trabajar la arcilla y el barro para elaborar cuencos, jarrones y todo tipo de objetos útiles para el día a día.

DICCIONARIO HISTÉRICO

Mamutburguer: Cadena de establecimientos donde se servían hamburguesas a base de carne de mamut. Con el menú infantil se regalaban piedras para hacer la colección. Cuando acabaron las glaciaciones, intentaron servir los mismos platos con carne de otros animales, pero ya no fue lo mismo.

Ferrán Pedrià: El cocinero más famoso de la prehistoria conocido por sus platos exóticos y su cocina innovadora. Siempre tenía la mayor puntuación en la guía Piedrelín.

Leonardo Da Piedri: Famoso artista de la prehistoria conocido por pinturas rupestres como la *Piedronda* o *La última glaciación*.

Museo de Piedra: Lugar donde se exponían piedras con parecidos remotos a personajes famosos. La gente las miraba durante horas intentando encontrar la semejanza con alguien.

Infiltrados históricos

Se nos han colado estos personajes en el libro. No es que nos molesten especialmente, pero llevan un montón de objetos que no corresponden a la época prehistórica. ¿Nos ayudas a encontrar cuáles son?

EL COCINERO

ES EL COCINERO MÁS FAMOSO DE LA ÉPOCA... AUNQUE TAMBIÉN ES EL ÚNICO. Y TIENE EL RESTAURANTE GALARDONADO CON MÁS ESTRELLAS... AUNQUE NO EXISTEN MÁS RESTAURANTES.
ÉL SE DEFINE COMO INNOVADOR, PORQUE COCINA LAS RECETAS MÁS ARRIESGADAS. PERO EN REALIDAD EL RIESGO LO CORREN SUS AYUDANTES, PUES TIENEN QUE CAZAR A LOS ANIMALES NECESARIOS PARA SUS RECETAS.
USA EL GORRO PARA DISIMULAR QUE SE ESTÁ QUEDANDO CALVO.

EDAD DE LOS METALES 115

Infiltrados históricos
SOLUCIONES

LO DE USAR UN GORRO PARA QUE NO CAIGAN PELOS EN LA COMIDA ES UN INVENTO BASTANTE RECIENTE, ASÍ QUE EN AQUELLA ÉPOCA NO SE USABA, Y MUCHO MENOS ALGO TAN ESPECÍFICO COMO UN GORRO DE COCINA.

YA HABÍA CUCHILLOS PERO NINGUNO TAN SOFISTICADO NI ESPECIALIZADO EN COCINAR.

CON LA ALFARERÍA YA HABÍA RECIPIENTES PERO NINGUNA OLLA MODERNA. LA COCINA AÚN TENÍA QUE EVOLUCIONAR MUCHO.

A PESAR DE QUE YA CONTROLABAN EL FUEGO, NO TENÍAN ESTOS MÉTODOS TAN SOFISTICADOS Y PRÁCTICOS COMO UN MECHERO O UNAS CERILLAS PARA PODER ENCENDERLO A SU ANTOJO.

5
INVENTOS Y ARTE PREHISTÓRICOS

¿Cómo no se nos había ocurrido antes?

AFORTUNADAMENTE LOS HUMANOS EN LA PREHISTORIA INVENTARON Y DESCUBRIERON ALGUNOS OBJETOS Y FENÓMENOS QUE LES FUERON HACIENDO LA VIDA MÁS FÁCIL. A VECES LOS INVENTOS SURGÍAN AL IMITAR PROCESOS QUE OBSERVABAN EN LA NATURALEZA. OTRAS VECES SURGÍAN POR PURA CASUALIDAD. INCLUSO A VECES SE DESCUBRÍAN COSAS POR ERROR O ACCIDENTE.

La rueda

Hoy las vemos por todas partes, pero para la humanidad supuso un invento increíble. Pronto descubrieron que si se colocaba una plataforma sobre las ruedas, podían formar un carro y transportar la carga sin cansarse tanto. Y cuando aprendieron que si ataban un animal delante del carro, este podía tirar de él, ya fue increíble.

El fuego

¿Os imagináis un mundo donde la única luz que os iluminase fuera la del sol? ¿Donde cada día os tomárais la comida fría? ¿Donde no existieran estufas ni nada con lo que calentarse más que pieles de animales? Imaginaos lo que supuso para el ser humano el descubrimiento del fuego… Y su manejo, porque también tuvieron que aprender a encenderlo y transportarlo de un sitio para otro sin que se apagara.

INVENTOS Y ARTE PREHISTÓRICOS

Herramientas

Aunque las manos son muy útiles, si se trata de cortar carne o cualquier material, no pueden competir con un cuchillo afilado, ya esté hecho de piedra o de metal. Las herramientas hicieron mucho más fácil la vida del ser humano.

Ropa

Antes de que existieran las tiendas y la gente se peleara entre sí en las rebajas para conseguir los pantalones más baratos, el hombre iba desnudo por el mundo. Protegido solo por su pelo, parecía más bien un simio. Luego descubrió que estaba más a gusto si se tapaba con las pieles de los animales que cazaba. Y más adelante incluso aprendió a teñirla de colores, cortarla para darle la forma deseada, etcétera.

Casas con huesos de mamut

La primera casa que construyó el ser humano estaba hecha con los enormes huesos de estos animales. Lejos de las cuevas, el hombre tenía que protegerse de los elementos naturales y de los grandes mamíferos. Aunque más que casas como las que conocemos, parecían tiendas de campaña.

El ladrillo

¿FALTA MUCHO PARA TENER MI PROPIA HABITACIÓN?

El ser humano necesitaba hogares más resistentes e inventó el ladrillo para construir casas más fuertes y duraderas. Los ladrillos prehistóricos se hacían de barro y paja machacada, se vertían en moldes y se dejaban secar al sol. Este material absorbía mejor el frío y era más fácil levantar estructuras con estas piezas.

EL ARTE ES CASI TAN ANTIGUO COMO EL SER HUMANO. EN LA PREHISTORIA LO USABAN PARA REPRESENTAR SUS TRADICIONES Y COSTUMBRES.
LAS PINTURAS RUPESTRES ERAN DIBUJOS REALIZADOS EN LAS PAREDES DE LAS CUEVAS. ERAN MUY SENCILLOS, Y MOSTRABAN ESCENAS DE CAZA O ELEMENTOS DE LA NATURALEZA, COMO ANIMALES, LAS ESTRELLAS O EL SOL.
¡LE DIJE QUE NO ME VOLVIERA A DIBUJAR TAN GORDO! ¡MIRA QUE TRIPONCIO!

Otra forma de arte eran los monumentos megalíticos. Eran enormes piedras colocadas al aire libre que tenían diversos usos. Podían señalar tumbas, marcar los límites de una propiedad o ser un lugar de culto.

Con este tipo de construcciones los pueblos de la prehistoria podían demostrar su poder. Para lograrlo les bastaba con hacer su monumento megalítico más alto, más grande y más pesado que el de su vecino.

¿Sabías que...

las pinturas rupestres se desarrollaron en el Paleolítico?

> A MI ESTO DEL ARTE ME PARECE UN ROLLO. VENGO POR LOS CANAPÉS DE LAS INAUGURACIONES.

Para ser más exactos

Las pinturas rupestres más sencillas eran simples marcas con los dedos o las manos. Pero también se han encontrado elaboradas escenas que representan a un grupo de cazadores atacando una presa, así como escenas de la vida cotidiana. Aunque no se sabe con certeza el sentido de estas pinturas, se da por válida la teoría de que, en muchos casos, eran rituales para obtener una buena caza. ¡Poco se imaginaban en el Paleolítico que siglos más tarde haríamos cola para contemplar su arte!

¿Sabías que... el ladrillo fue uno de los inventos de la prehistoria con más éxito?

Para ser más exactos

Con los ladrillos los humanos pudieron construir casas más sólidas y alejarse definitivamente de las cuevas. Luego, los grupos de casas dieron lugar a los poblados, y gracias al ladrillo, pudieron construir también muros defensivos para protegerse de los enemigos.

INVENTOS Y ARTE PREHISTÓRICOS

¿En qué época se inventó?

Esto de los inventos no es cosa de un día. Se necesitaron muchos años para ir descubriendo utensilios y objetos que hicieron la vida más cómoda. ¿Te atreves a relacionar cada invento con la época de su descubrimiento?

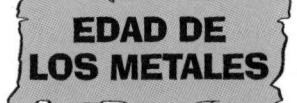

Fuego
Casa
Rueda
Lanza
Queso
Peine
Ropa
Tinta
Arado
Barco de vela
Aguja

PALEOLÍTICO

NEOLÍTICO

EDAD DE LOS METALES

La gran cacería

Katerk, Ugh y Sek han regresado tras una expedición en busca de alimentos. Han traído 2 mamuts, 5 dientes de sable, 10 conejos, 30 bayas, 9 melones y 5 plátanos.

- Katerk se queda con 1 mamut, 2 dientes de sable, 4 conejos, 7 bayas y 2 melones.
- Ugh se queda con 3 dientes de sable, 10 bayas, 5 melones y 2 plátanos.
- Sek se queda con 1 mamut, 6 conejos, 10 bayas, 2 melones y 3 plátanos.
- Katerk quiere algo más de fruta y cambia con Ugh 2 conejos por 1 melón y 1 plátano. Ugh quiere mamut, así que cambia con Sek 3 dientes de sable y 2 melones por el mamut.

1 ¿Quién de los tres se ha quedado con más piezas de carne? ....

2 ¿Quién con más fruta? ....

3 ¿Quién tiene más dientes de sable? ....

4 ¿Quién tiene más gacelas? ....

5 En el reparto ha desaparecido algo, ¿sabes qué es? ....

INVENTOS Y ARTE PREHISTÓRICOS

¿Sabías que...

al principio los humanos sencillamente se cubrían con la piel de los animales que cazaban?

> NO QUEDABAN ANIMALES DE MI TALLA.

Para ser más exactos

Hasta que se inventó la aguja con ojo, los humanos se cubrían directamente con la piel de los animales que cazaban. Más adelante, ya con esta herramienta, aprendieron a confeccionar prendas de vestir que se ajustaban más a sus cuerpos. Y cuando descubrieron los tintes pudieron añadir un toque de color a su ropa.

El pequeño artista

HISTORIETAS DE LOS TEMPO

¿PERO ESTO QUÉ ES?

¡OTRA VEZ COLMILLO DE MAMUT! ¡PUAGH!

¿PERO QUÉ HAS HECHO?

¡NOS HAS ESTROPEADO LA CASA!

TE DIJE QUE NO LE DEJARAS LAS PINTURAS CERCA, ¡QUÉ VERGÜENZA!... ¡COMO LO VEA ALGÚN VECINO!

¡NO HAY FORMA DE LIMPIARLO!

¡FRIS! ¡FRIS! ¡FRIS!

Cómic

CHISTÓRICOS

Una pareja de noche, mirando el cielo.

—¿Sabes cómo se llama esa estrella?
—Pegaso.
—¿Y esa?
—Pedrada.
—¿Y esa?
—Mapache.
—Te lo estás inventando ¿no?
—¿Qué es una estrella?

● ● ●

Un hombre está contemplando su colección de porras, intentando elegir cuál coger para ir de caza.

—¿Cojo la de verano o la de invierno?… Igual esta me hace un poco gordo.

¡VAMOS, QUE YA ES TUYO!

Un niño le pregunta a su padre:

—¿Qué hay que hacer para ser un cazador como tú?
—Ser muy valiente, muy fuerte y no tener miedo de ninguna bestia. Ser astuto, ágil…
—Entonces, ¿tú qué haces con el grupo de cazadores? ¿Les llevas las lanzas?

● ● ●

Un niño se encuentra a un amigo jugando con una lagartija.

—¿Qué haces?
—Aquí, jugando con mi dinosaurio.
—¡Los dinosaurios no existen! Es solo una lagartija.
—¿Ah, sí? Pues procura no enfadarla.

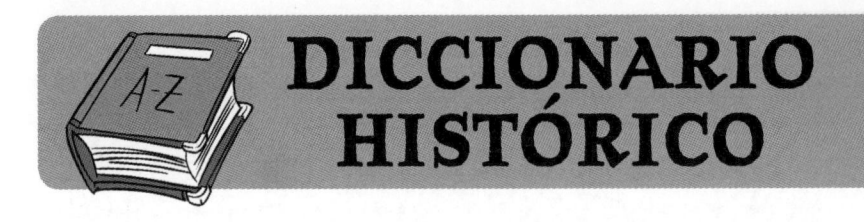

DICCIONARIO HISTÓRICO

Bestia de carga: Animal doméstico, como el buey o el caballo, muy útil para el transporte de cargas pesadas. Tiene mucha fuerza y puede tirar de carros muy pesados. Hasta que al humano se le ocurrió atar los animales a los carros, ¿adivinas quién tiraba de ellos?

Tinte: Sustancia que permite dar color a los tejidos (aunque también se usaría para teñir otras cosas, como el pelo, por ejemplo). Al principio se obtenía de extractos de plantas o minerales. Con el tiempo el ser humano aprendió a fabricarlo de forma artificial y hoy hay una enorme variedad de colores y tipos de tinte.

Arte rupestre: En la prehistoria el ser humano aún no había inventado el papel, así que usó las paredes de las cuevas para dibujar y pintar. Hoy en día todavía se conservan muchos de esos dibujos, y se les considera una forma de arte primitivo. Aunque el arte rupestre tiene un valor incalculable, no es lo mismo que si tú haces garabatos en las paredes del salón. Seguro que a tus padres no les hace ninguna gracia…

DICCIONARIO HISTÉRICO

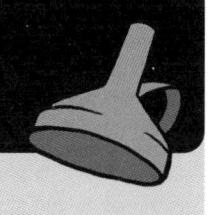

Piedrino y Luquino: Dos famosos modistos diseñadores de ropa. Los materiales con los que trabajaban eran muy limitados, así que no podían innovar demasiado. Se han encontrado restos de pieles fosilizadas al lado de lo que parece una pasarela de piedra destinada al pase de modelos.

Levantamiento de Piedras: Lo que ahora es una disciplina deportiva, en la Prehistoria era una forma de buscar alimentos apetitosos, como gusanos, insectos u hongos que se encontraban bajo las piedras.

San Piedrín: Con el invento del trueque comenzaron a aparecer los primeros comerciantes espabilados que inventaron esta celebración y explicaron que en el día de San Piedrín había que corresponder al ser amado con una piedra preciosa. No estamos hablando de diamantes o similares, sino de enormes piedras (cuanto mayor fuese su tamaño, mejor) pintadas con colores vivos.

INVENTOS Y ARTE PREHISTÓRICOS

DICCIONARIO HISTÓRICO

Sílex: Mineral empleado en La Edad de Piedra para fabricar objetos cortantes. Además el sílex era muy útil para encender el fuego, pues chocando dos piezas repetidamente se obtenían chispas que luego prendían. Era el precedente de nuestros encendedores.

Marfil: Es el material que se obtiene de los dientes y los colmillos de algunos animales, como el mamut o el elefante. En la prehistoria se usaba para construir herramientas y estatuillas. Incluso para construir las chozas más primitivas. Posteriormente se ha empleado para elaborar objetos de lujo, pero como es muy valorado, con su obtención se terminó poniendo en peligro la supervivencia de los elefantes en África, pues los cazadores los mataban para obtener su marfil. Actualmente la fabricación y venta de objetos fabricados con marfil está prohibida.

Petroglifo: Son símbolos y diseños grabados sobre la roca. Su aspecto es parecido al de las pinturas rupestres, pero en lugar de pintarse sobre la piedra, se grababan con herramientas punzantes. Son el antecedente de nuestra escritura.

Lápices de ocre: Son rocas ricas en óxido de hierro que sirven de colorante natural. Suelen ser amarillos, rojos o marrones. Se usaban para realizar las pinturas rupestres y también en medicina, por sus cualidades cicatrizantes.

DICCIONARIO HISTÉRICO

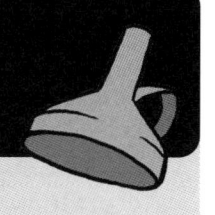

Piedra visión: Enorme piedra rectangular frente a la cual se sentaban los miembros de la familia para mirarla. Algunos modelos estaban decorados con pinturas rupestres o grabados. La programación actual sigue siendo en muchas ocasiones igual de apasionante.

Piedro scouts: Primera asociación juvenil de niños excursionistas. Los peligros de la época convertían cada una de sus excursiones en un deporte de riesgo, de ahí que fueran poco populares.

Deberes escolares: En aquella época los deberes consistían en cazar mamuts, construir un refugio o robar el fuego de una tribu rival. Aprobaban muy pocos.

Infiltrados históricos

Se nos han colado estos personajes en el libro. No es que nos molesten especialmente, pero llevan un montón de objetos que no corresponden a la época prehistórica. ¿Nos ayudas a encontrar cuáles son?

EL CIENTÍFICO

UN AUTÉNTICO SABIO, AUNQUE ES TAN DESPISTADO QUE NO SABE NI EN QUÉ ÉPOCA DE LA PREHISTORIA VIVE. SU PRINCIPAL AFICIÓN ES LEER LOS MANUALES DE INSTRUCCIONES DE LOS OBJETOS, YA SEAN PIEDRAS O LANZAS. LUEGO, LOS COLECCIONA.
NO VE NADA SIN SUS GAFAS...
Y CON ELLAS, TAMPOCO.

INVENTOS Y ARTE PREHISTÓRICOS **141**

Infiltrados históricos
SOLUCIONES

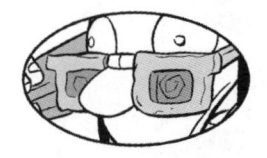

EL SER HUMANO AÚN TARDARÍA VARIOS SIGLOS EN USAR LENTES PARA VER MEJOR. ¡Y UNA MONTURA DE PIEDRA NO SERÍA NADA CÓMODA!

EN AQUELLA ÉPOCA NO TENÍAN NI NECESITABAN MANUALES DE INSTRUCCIONES.

OBSERVAR EL CIELO ERA LA ÚNICA FORMA QUE TENÍAN DE SABER EN QUÉ MOMENTO DEL DÍA SE ENCONTRABAN.

POR SUPUESTO, INVENTOS COMO EL TELÉFONO O LA CALCULADORA NO EXISTÍAN Y TAMPOCO HABRÍAN PODIDO FUNCIONAR SIN INVENTAR ANTES LA ELECTRICIDAD.

6
LA APARICIÓN DE LA ESCRITURA

Nos convertimos en seres civilizados

NO HAY UNA FECHA CONCRETA QUE MARQUE EL FIN DE LA PREHISTORIA. SIN EMBARGO TODO EL MUNDO ESTÁ DE ACUERDO EN SEÑALAR QUE SU FINAL COINCIDE CON LA INVENCIÓN DE LA ESCRITURA.

¡TE DIJE QUE ESTUDIARAS MÁS! ¡MIRA A TU HERMANO! ¡SI SIGUES ASÍ TE QUEDARÁS EN LA PREHISTORIA!

LA ESCRITURA PERMITIÓ A LOS HUMANOS TRANSMITIR SUS CONOCIMIENTOS A LAS GENERACIONES VENIDERAS. ADEMÁS, GRACIAS A ELLA, NOSOTROS SABEMOS MUCHAS COSAS SOBRE CÓMO ERA SU VIDA.
PERO IGUAL QUE SUCEDIÓ CON LA INTRODUCCIÓN DEL METAL, MARCÓ MUCHAS DIFERENCIAS ENTRE LOS PUEBLOS. LAS CIVILIZACIONES QUE ESTABAN MÁS AVANZADAS Y ADOPTARON LA ESCRITURA COMENZARON A PROSPERAR A PASOS AGIGANTADOS. MIENTRAS, OTRAS SEGUÍAN EN LA EDAD DE PIEDRA.
CON ESAS PIELES AQUÍ NO SE PUEDE ENTRAR.

EGIPTO Y MESOPOTAMIA FUERON DOS DE ESTAS PODEROSAS CIVILIZACIONES. AMBAS SE ASENTARON EN VALLES DE GRANDES RÍOS, QUE AL SER ZONAS MUY FÉRTILES, LES PERMITIERON DESARROLLARSE Y ENRIQUECERSE. EGIPTO CRECIÓ JUNTO AL RÍO NILO Y MESOPOTAMIA JUNTO A LOS RÍOS TIGRIS Y EUFRATES. DE AHÍ QUE SE LAS CONOZCA CON EL NOMBRE DE CIVILIZACIONES FLUVIALES.
¿Y EL PARQUE DE ATRACCIONES, DÓNDE LO PONDREMOS?

ESTOS RÍOS LES ABASTECÍAN DEL AGUA PARA CULTIVAR TODA CLASE DE ALIMENTOS. DURANTE LA ÉPOCA DE LAS LLUVIAS, EL RÍO INUNDABA LOS MÁRGENES FLUVIALES, PROPORCIONÁNDOLES LA HUMEDAD NECESARIA PARA ABONAR LOS CAMPOS. OTRA GRAN VENTAJA DE ASENTARSE JUNTO A ESTOS GRANDES RÍOS PARA LOS HABITANTES DE EGIPTO Y MESOPOTAMIA ERA QUE PODÍAN DESPLAZARSE POR ELLOS CON GRAN FACILIDAD, Y POR LO TANTO, COMERCIAR CON OTROS PUEBLOS.
TENDRÁS QUE ESPERAR 3.000 O 4.000 AÑOS HASTA QUE LOS INVENTEN.

ESTAS REGIONES ACABARON CONVIRTIÉNDOSE EN IMPERIOS. SU ORGANIZACIÓN SE VOLVIÓ MÁS COMPLEJA, DEJANDO ATRÁS LAS SENCILLAS ESTRUCTURAS SEGÚN LAS CUALES LOS QUE MANDABAN ERAN EL JEFE DE LA TRIBU Y EL HECHICERO.
NACIERON LAS GRANDES CIUDADES. COMO HABÍA MUCHOS HABITANTES TAMBIÉN SE NECESITABAN MUCHAS COSAS, ASÍ QUE SURGIERON LAS PROFESIONES ESPECÍFICAS: ARTESANOS, COMERCIANTES, SACERDOTES, ARTISTAS...

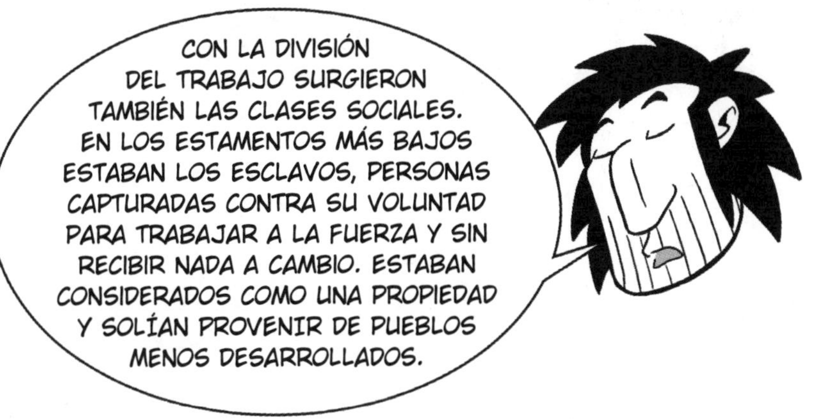
CON LA DIVISIÓN DEL TRABAJO SURGIERON TAMBIÉN LAS CLASES SOCIALES. EN LOS ESTAMENTOS MÁS BAJOS ESTABAN LOS ESCLAVOS, PERSONAS CAPTURADAS CONTRA SU VOLUNTAD PARA TRABAJAR A LA FUERZA Y SIN RECIBIR NADA A CAMBIO. ESTABAN CONSIDERADOS COMO UNA PROPIEDAD Y SOLÍAN PROVENIR DE PUEBLOS MENOS DESARROLLADOS.

¿Sabías que...

el ser humano inventó el calendario para aprovechar las épocas más fértiles de la tierra?

Para ser más exactos

Muchos inventos se originan por la simple observación de la naturaleza. Este es un buen ejemplo de ello, pues el calendario surgió para tener controladas las épocas de crecida de los ríos. Cuando esto sucedía, las tierras quedaban húmedas y abonadas, con lo que se podían cultivar mejor. Con un calendario a mano era más fácil tener todo bien preparado para plantar y obtener unas buenas cosechas.

¿Sabías que...

la esclavitud surgió en este periodo histórico?

¡SE ACABARON LOS ESFUERZOS! HE COMPRADO UN ESCLAVO PARA QUE ME AYUDE A LEER EL PERIÓDICO.

Para ser más exactos

Todos los pueblos no evolucionaron con la misma rapidez. Algunos tardaron mucho en desarrollar la metalurgia o emplear la escritura. Mientras tanto, las civilizaciones más ricas y avanzadas iban creciendo y necesitaban mucha mano de obra. Por eso empezaron a capturar a los habitantes de las poblaciones menos evolucionadas y los convirtieron en esclavos, para que trabajaran para ellos sin recibir nada a cambio. Los esclavos se podían comprar y vender, y no se les permitía decidir nada sobre su propia vida. Aunque parezca mentira, se necesitarían miles de años para que se prohibiera la esclavitud oficialmente (aunque no todos los países lo cumplen) en nuestro planeta.

Haz tu propia pintura rupestre

Siéntete como un artista de la época de las cavernas y haz tu propia pintura rupestre. Puedes copiar estas hasta que te salgan igual y luego hacerlas donde tú quieras. ¡Anímate luego a hacer escenas de tu casa, del cole…!

Dibuja aquí tu primera pintura rupestre y luego pásate a los folios, las cartulinas o lo que tú quieras ¡pero no lo hagas en las paredes de tu casa o tus padres se enfadarán!

¿Sabías que...

las diferencias entre los pueblos comenzaron a ser cada vez más acusadas?

SI QUE HACE TIEMPO QUE NO OS VEO, PRIMOS.

Para ser más exactos

Con la aparición de la escritura y el desarrollo de las civilizaciones fluviales, las diferencias entre los seres humanos, las etnias y los pueblos fueron más marcadas. Cada uno desarrollaría su idioma, sus costumbres y sus imperios.

¡Qué gran invento!

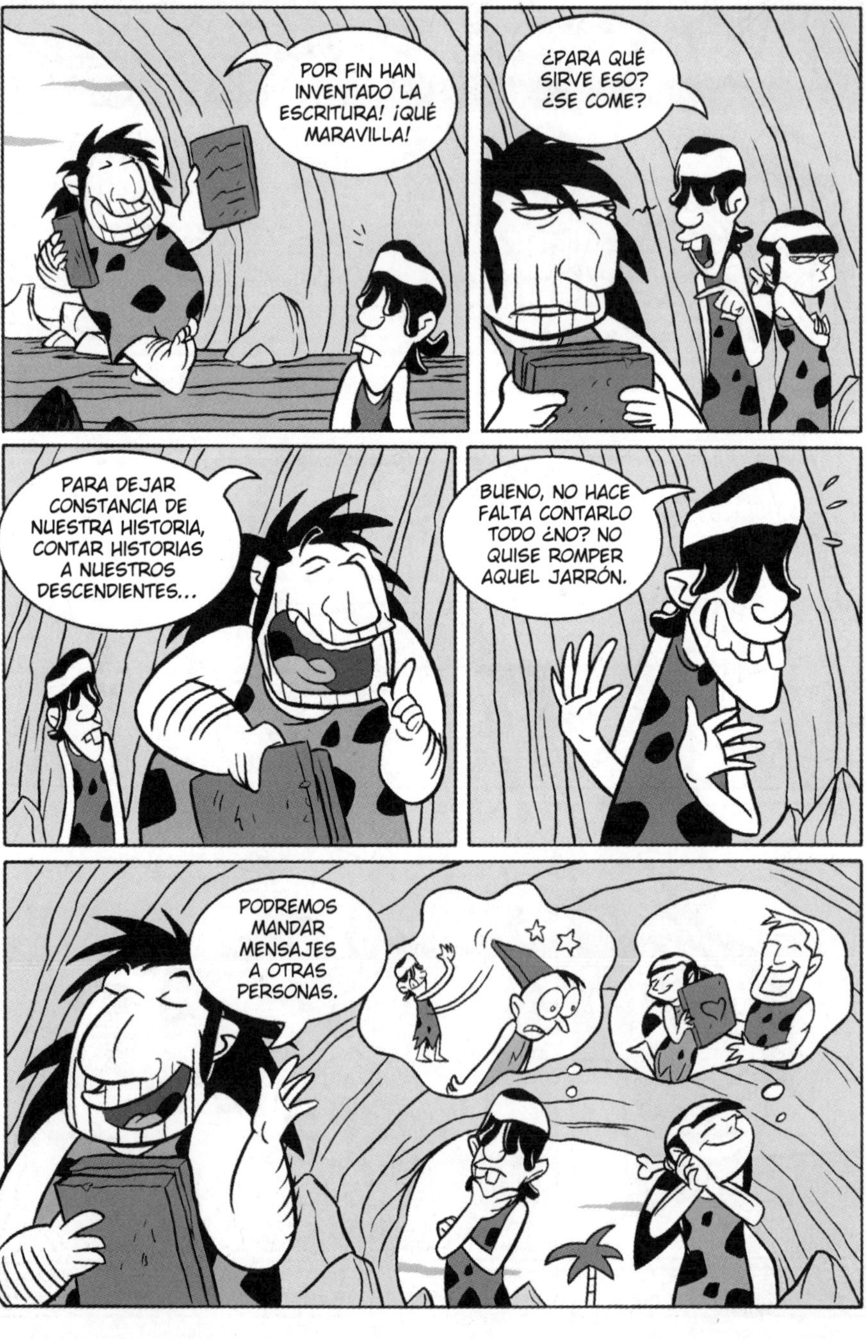

Cómic

CHISTÓRICOS

—No he podido hacer los deberes porque un mamut se ha comido a mi abuela —dice una niña a su profesor.
—¿Y qué tiene que ver eso con hacer tus deberes? ¿Qué excusa es esa?
—¡Es que ella era la que me decía qué excusa usar cuando no hacía los deberes.

● ● ●

Un niño regresa triste a casa.

—¡Mamá, me han quedado «Descubrimiento del fuego» y «Decoración de cuevas» para septiembre!

Un matrimonio está en el colegio hablando con el profesor de su hijo.

—La excursión de fin de curso puede que sea un poco peligrosa pero convertirá a su hijo en todo un hombre —les dice el maestro.
—¿Peligroso? —pregunta la madre, sorprendida.
—Sí, cazaremos mamuts, exploraremos nuevos territorios, puede que nos perdamos una o diez veces...
—Y... ¿las suegras no pueden ir? —pregunta la mujer.

● ● ●

—Mamá, ya han inventado la escritura y en el colegio me han enseñado a escribir.
—¿Y qué has escrito?
—No lo sé, aun no me han enseñado a leer.

DICCIONARIO HISTÓRICO

Valle fluvial: es una llanura que se extiende a ambos lados de un río, y que está rodeada por montañas. Las civilizaciones que se asentaron en valles fluviales, como por ejemplo Egipto junto al Nilo, de desarrollaron y enriquecieron gracias al agua, pues les permitía regar sus cultivos y viajar por el río para comerciar y conquistar otros pueblos. Sin el Nilo, el valle de Egipto no habría sido más que un enorme desierto.

Civilización: Es la evolución de la tribu. Surge cuando los humanos forman un grupo para asentarse en un lugar y se organizan de una forma más compleja, con ciudades más grandes, una cultura propia y la escritura como forma de expresión.

Escritura: Es la representación gráfica de las palabras, de un idioma. Ahora nos parece lo más normal del mundo, pero antes de su invención las personas tenían que contarse las cosas los unos a los otros para que no se olvidaran.

DICCIONARIO HISTÉRICO

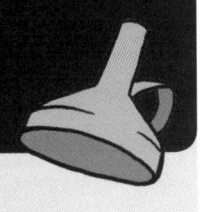

Regalo del amigo invisible: Tradición que comenzó en el Neolítico y que se abandonó cuando se dieron cuenta de que los regalos eran siempre piedras, piedras talladas o colmillos de mamut.

Bisbalocus: Dinosaurio aficionado a berrear y a cantar. Se rumorea que la extinción de los dinosaurios habría sido causada por una de las terribles tormentas que se desencadenaban cuando este ser comenzaba a cantar.

Mamuting: Mucho antes de la moda del footing un hombre inventó este deporte. Fue algo accidental, pues se cruzó con un mamut y le lanzó una piedra para cazarlo. Al animal no le hizo gracia y se puso a perseguirlo. Tras batir su propio récord al correr de regreso a casa, el prehistórico decidió convertirlo en un deporte olímpico. Lamentablemente no vio su sueño cumplido porque las olimpiadas tardaron decenas de miles de años en llegar.

DICCIONARIO HISTÓRICO

Recolección: Consiste en coger de las cosechas las verduras, hortalizas o frutos cuando están maduros. Está marcada por las condiciones atmosféricas y la época del año, y es muy importante determinar el momento justo para hacerla, pues si tiene lugar antes, la cosecha está verde, y si tiene lugar después, está pasada.

Mesopotamia: Antigua denominación del territorio de Oriente Próximo ubicado entre los ríos Tigris y Éufrates. Allí nació la primera y más antigua civilización del mundo, los Sumerios.

Prisionero: Persona capturada en contra de su voluntad, ya sea por haber cometido un delito o por formar parte del bando perdedor en un enfrentamiento. Los pueblos más avanzados tomaban prisioneros en los pueblos menos desarrollados y los convertían en sus esclavos.

DICCIONARIO HISTÉRICO

Piedrón de Oro: Premio que se daba al mejor cazador de la tribu, al que traía más y mayores presas. Pero todos se votaban a sí mismos y no había forma de declarar un ganador.

Mundial de fútbol de Pangea: Primer mundial de fútbol que se celebró en la historia. Pero como aún no se había inventado el deporte, los asistentes se divirtieron cazando un par de mamuts y contando chistes sobre neandertales.

Zoo Neolítico: Un recinto repleto de animales exóticos y peligrosos. Por eso eran los visitantes los que iban dentro de jaulas dando un paseo.

Escaqueismo: Parecido al sedentarismo, pero sin el mínimo deseo de hacer ni una labor ni ayudar al resto de la tribu. Una de las cosas que han sobrevivido de la prehistoria hasta nuestros días.

Neanderthal High School: Famosas muñecas de la prehistoria. Se montaban auténticas batallas entre los padres para hacerse con una y contentar a sus hijas. Algunos científicos sostienen que provocaron más muertes que las glaciaciones.

Bañista: Encargado de asegurarse de que todos los miembros de la tribu se dieran un baño de vez en cuando. No era una tarea fácil y solo podían encargarse de ello los guerreros más fieros y valientes.

Infiltrados históricos

Se nos han colado estos personajes en el libro. No es que nos molesten especialmente, pero llevan un montón de objetos que no corresponden a la época prehistórica. ¿Nos ayudas a encontrar cuáles son?

EL ARTISTA

LOS PREHISTÓRICOS DE CLASE ALTA MATARÍAN POR TENER EN SUS CUEVAS ALGUNA DE SUS PINTURAS. AUNQUE NO SERÍAN MUY DISTINTAS SI LAS HICIERA UN NIÑO... SOLO CONOCE EL COLOR ROJO, ASÍ QUE ESTÁ ENCALLADO EN LA ÉPOCA ROJA. Y SEGUIRÁ EN ELLA HASTA QUE DESCUBRA OTRO COLOR.
SUS PINCELES PREFERIDOS SON LOS DE PELO DE MAMUT Y DIENTES DE SABLE, PERO COMO ES MUY COBARDE, SOLO USA PINCELES DE PELO DE RATA.

LA APARICIÓN DE LA ESCRITURA **167**

Infiltrados históricos
SOLUCIONES

BASTANTE COMPLICACIÓN TENÍAN CON COSER SUS PIELES COMO PARA ADEMÁS TENER UNA ELEGANTE BOINA. EL SER HUMANO TARDARÍA MUCHO EN TAPARSE LA CABEZA CON UNA.

UN PINTOR NO IBA CON SUS OBRAS A CUESTAS, SE QUEDABAN EN LAS CUEVAS DONDE LAS HUBIERA PINTADO.

TODAVÍA NO HABÍAN DESCUBIERTO CÓMO ESTAMPAR LA ROPA DE FORMA TAN REGULAR, A LO SUMO HABÍAN APRENDIDO A TEÑIRLA DE ALGÚN COLOR.

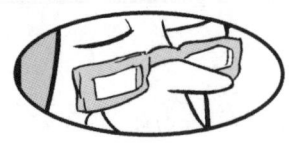

¡SÍ, OTRO QUE INTENTA COLARNOS QUE EN LA PREHISTORIA SE LLEVABAN GAFAS!

EL TEST DE LA PREHISTORIA

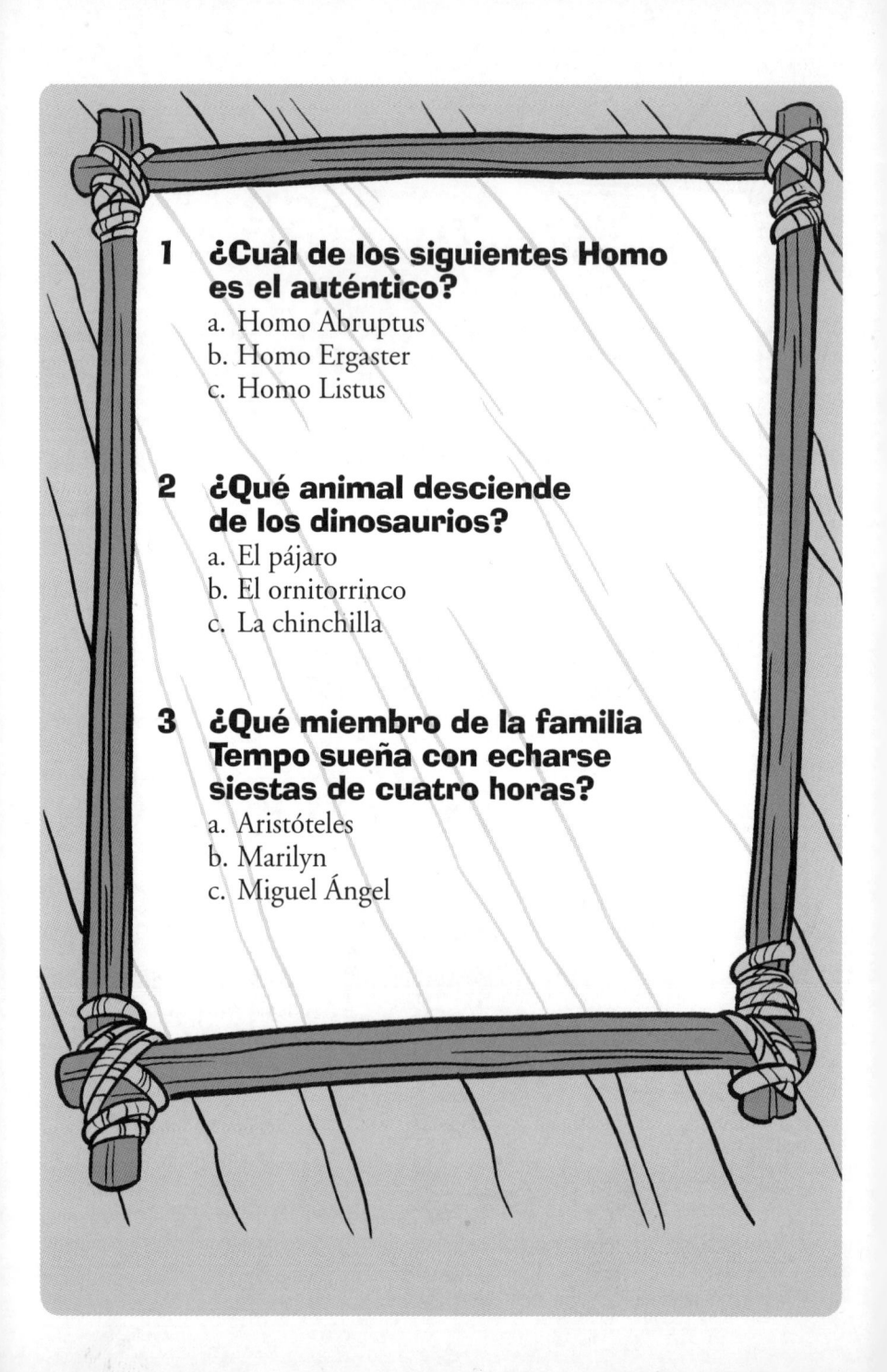

1 ¿Cuál de los siguientes Homo es el auténtico?
a. Homo Abruptus
b. Homo Ergaster
c. Homo Listus

2 ¿Qué animal desciende de los dinosaurios?
a. El pájaro
b. El ornitorrinco
c. La chinchilla

3 ¿Qué miembro de la familia Tempo sueña con echarse siestas de cuatro horas?
a. Aristóteles
b. Marilyn
c. Miguel Ángel

4 El hombre del Paleolítico era...
a. Nómada, cazador y recolector
b. Acróbata, deportista y bailarín
c. Cazador, agricultor y especulador

5 ¿Qué significa Neolítico?
a. Piedra nueva
b. Piedras por todas partes
c. Hartos de piedras

6 ¿Qué animales domesticó primero el ser humano?
a. Hormigas, ciempiés y cucarachas
b. Mamuts y dientes de sable
c. Cabras, perros, cerdos y ovejas

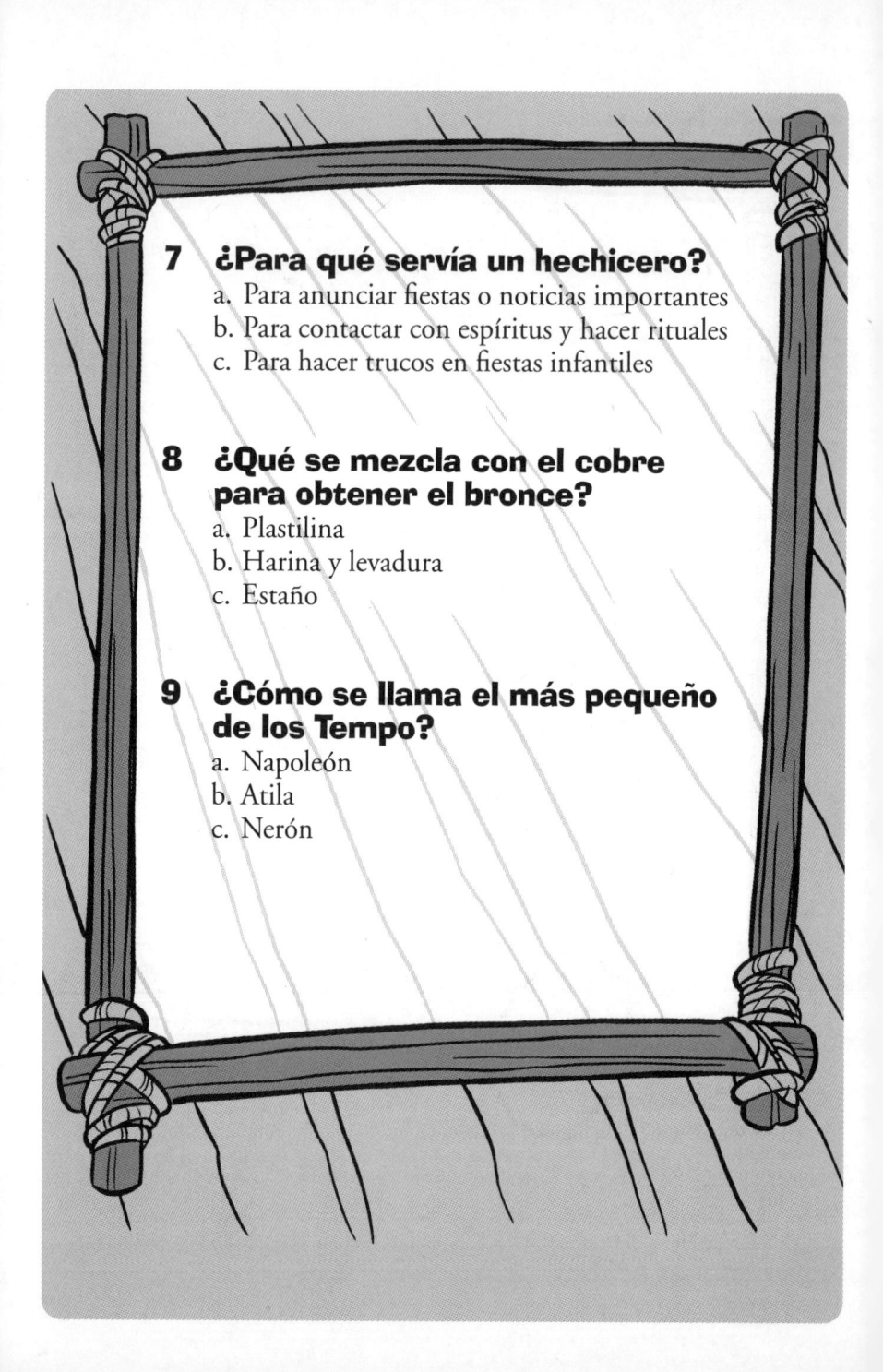

7 ¿Para qué servía un hechicero?
  a. Para anunciar fiestas o noticias importantes
  b. Para contactar con espíritus y hacer rituales
  c. Para hacer trucos en fiestas infantiles

8 ¿Qué se mezcla con el cobre para obtener el bronce?
  a. Plastilina
  b. Harina y levadura
  c. Estaño

9 ¿Cómo se llama el más pequeño de los Tempo?
  a. Napoleón
  b. Atila
  c. Nerón

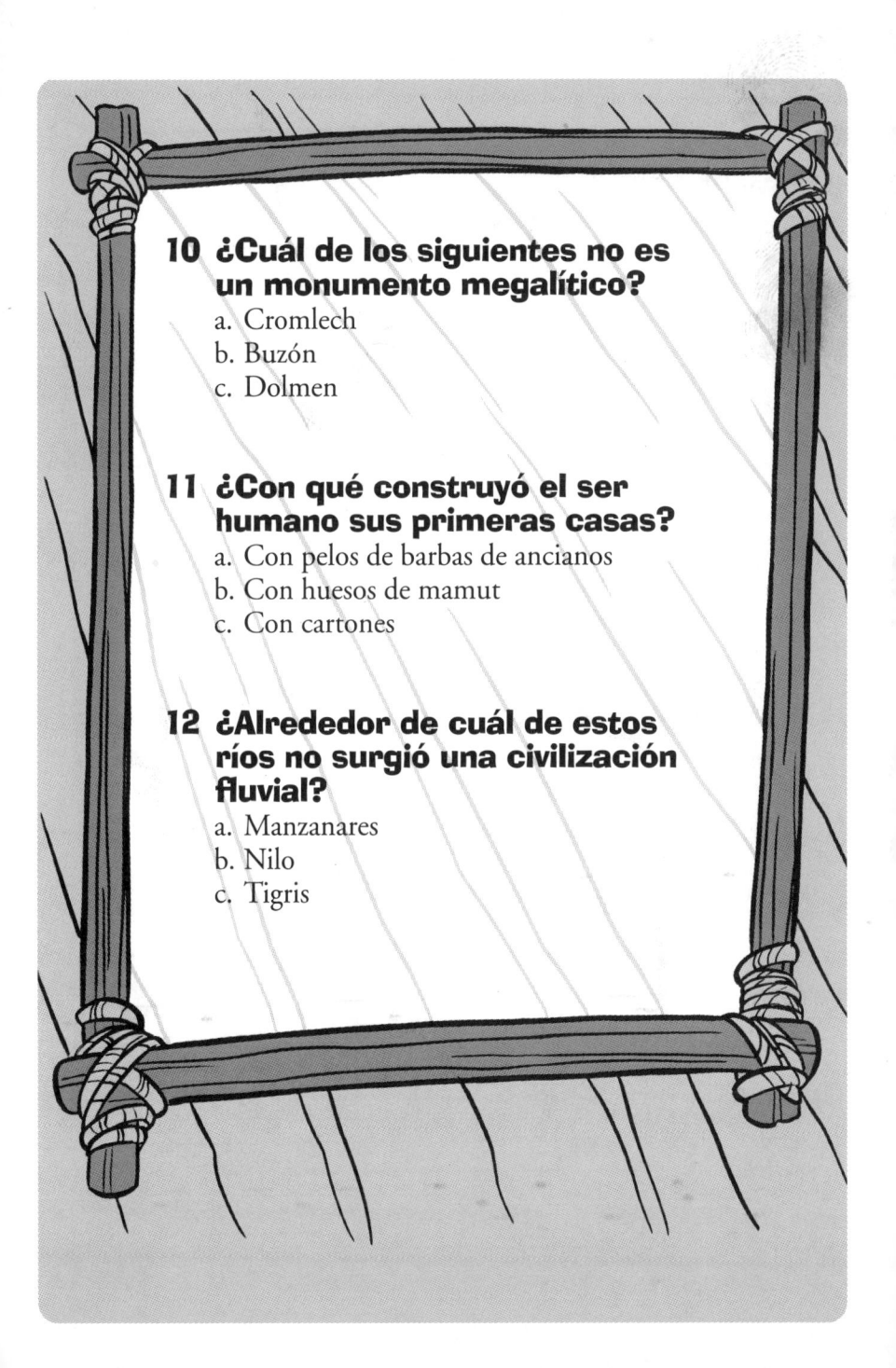

10 ¿Cuál de los siguientes no es un monumento megalítico?
a. Cromlech
b. Buzón
c. Dolmen

11 ¿Con qué construyó el ser humano sus primeras casas?
a. Con pelos de barbas de ancianos
b. Con huesos de mamut
c. Con cartones

12 ¿Alrededor de cuál de estos ríos no surgió una civilización fluvial?
a. Manzanares
b. Nilo
c. Tigris

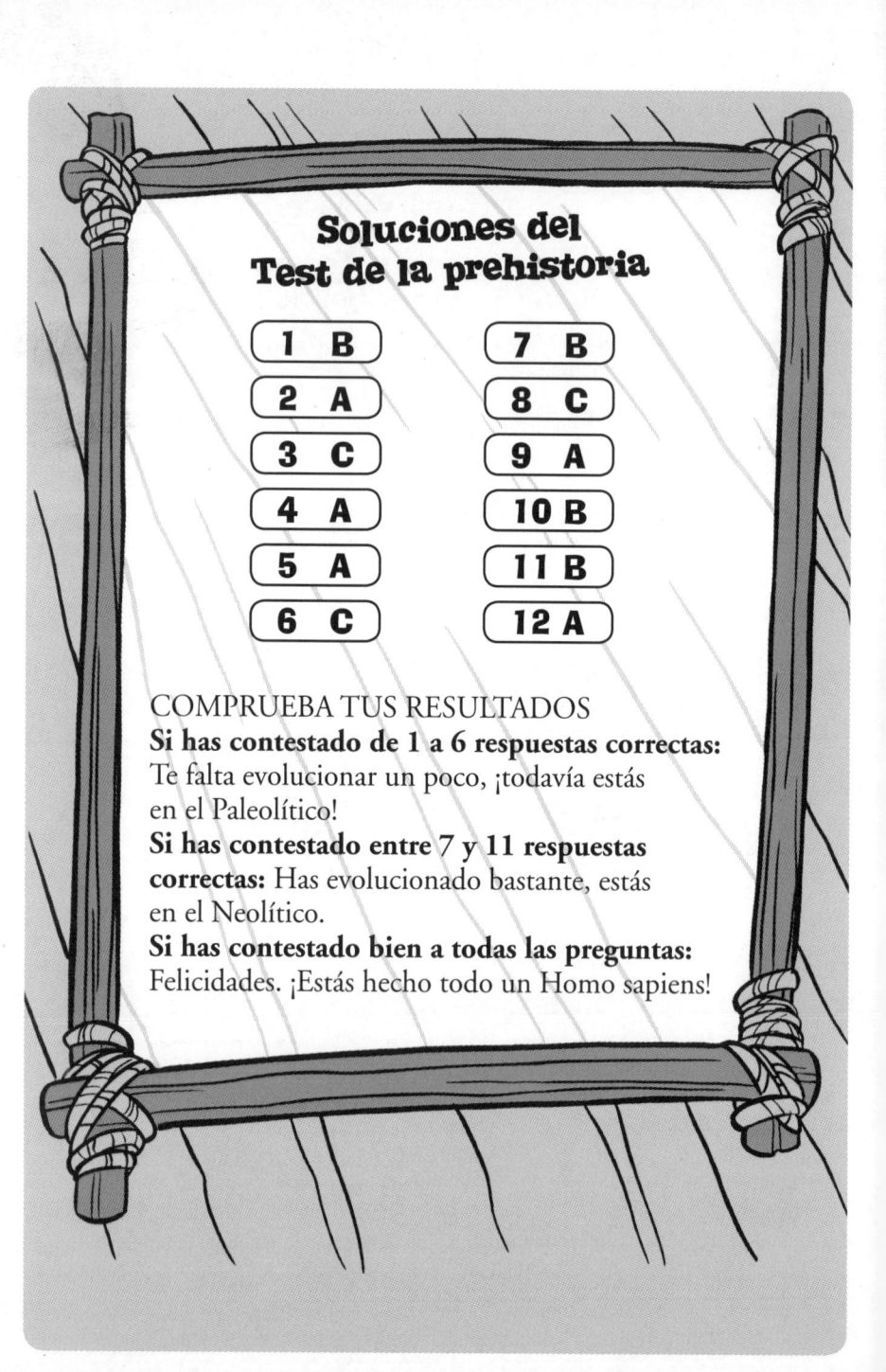

Soluciones del Test de la prehistoria

1 B	7 B
2 A	8 C
3 C	9 A
4 A	10 B
5 A	11 B
6 C	12 A

COMPRUEBA TUS RESULTADOS
Si has contestado de 1 a 6 respuestas correctas: Te falta evolucionar un poco, ¡todavía estás en el Paleolítico!
Si has contestado entre 7 y 11 respuestas correctas: Has evolucionado bastante, estás en el Neolítico.
Si has contestado bien a todas las preguntas: Felicidades. ¡Estás hecho todo un Homo sapiens!

SOLUCIONES DE LOS PASATIEMPOS

Solución págs. 24-25
SOPA DE LETRAS

LABERINTO

MATERIALES SECRETOS
1. Cueva
2. Hacha
3. Mamut
4. Tribu
5. Cazador
6. Flecha
7. Fuego

Solución págs. 50-51
ENCUENTRA LAS 12 DIFERENCIAS

SUDOKU

3	7	6	9	5	8	4	2	1
1	9	8	7	4	2	6	3	5
4	5	2	3	1	6	9	7	8
2	1	5	6	8	9	7	4	3
6	4	9	5	7	3	1	8	2
8	3	7	4	2	1	5	9	6
5	6	4	2	3	7	8	1	9
9	8	3	1	6	4	2	5	7
7	2	1	8	9	5	3	6	4

¿CUÁNTOS HAY DE CADA CLASE?

7   6   7

SOLUCIONES

Solución págs. 76-77
¡MENUDO LÍO!

ANIMALES LOCOS
Cabra
Perro
Vaca
Gallina
Mamut
Gato
Pato
Cerdo
Buey
Oveja
El animal que nunca se domesticó es el mamut

Solución págs. 102-103
HERRAMIENTAS

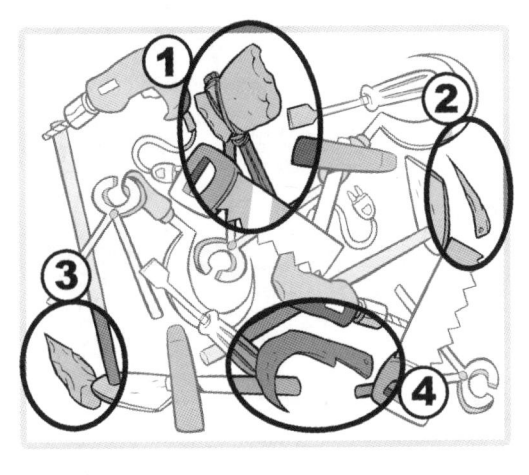

Hacha. Se usaba para cazar y cortar cosas.
Aguja. Con ella se cosían las pieles para hacer ropa.
Piedra tallada. Se usaba para cortar.
Hoz. Se usaba en el campo para recoger cosechas y limpiar.

ENCUENTRA LAS 12 DIFERENCIAS

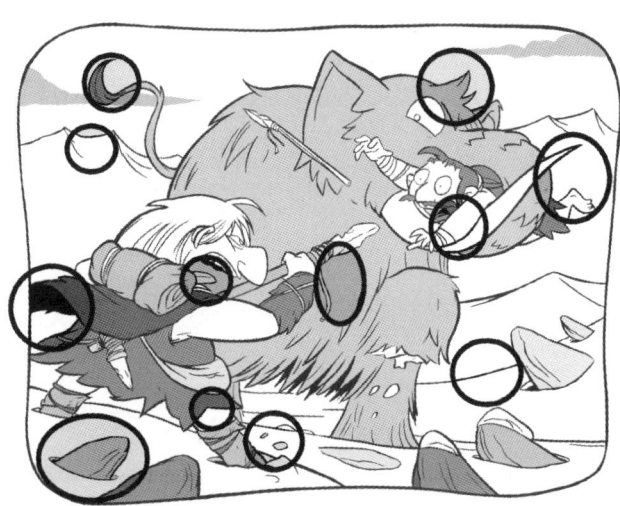

Solución págs. 128-129
¿EN QUÉ ÉPOCA SE INVENTÓ?

Paleolítico
Fuego
Lanza
Casa
Ropa

Neolítico
Aguja
Rueda
Peine
Ladrillo
Arado

Edad de los metales
Queso
Tinta
Barco de vela

LA GRAN CACERÍA
- Sek es el que se ha quedado con más piezas de carne: 3 dientes de sable y 6 conejos. Sek es también es el que se ha quedado más piezas de fruta: 10 bayas, 4 melones y 3 plátanos.
- Además, Sek es el que tiene más dientes de sable: 3.
- Nadie tiene gacelas porque no cazaron ninguna (si no, seguramente sería Sek el que las tuviera).
- Y, para acabar, en el reparto han desaparecido 3 bayas que no tiene ninguno de los tres.

Solución págs 154-155
HAZ TU PROPIA PINTURA RUPESTRE

**¡Aquí no hay
una respuesta correcta!**

¿Las pinturas rupestres te han salido bien? ¡Enhorabuena!
¿Tu búfalo parece un animal misterioso? Siempre puedes decir que se trata de un mamut o de una especie rara de dientes de sable…
¿Se te ha ido la mano y has pintado las paredes del salón? Pues ya sabes… ¡Agua y jabón!

Índice

1 **ORIGEN DEL HOMBRE** 13

2 **PALEOLÍTICO** 39

3 **NEOLÍTICO** 65

4 **EDAD DE LOS METALES** 91

5 **INVENTOS Y ARTE PREHISTÓRICOS** 117

6 **LA APARICIÓN DE LA ESCRITURA** 143

EL TEST DE LA PREHISTORIA 169

SOLUCIONES DE LOS PASATIEMPOS 175

¡PREPÁRATE PARA TRONCHARTE DE RISA!

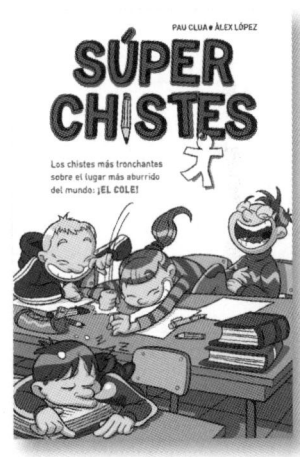

¡EXPRIME TUS NEURONAS!

¿Aceptas el reto?
365 ENIGMAS Y JUEGOS DE LÓGICA
Miquel Capó

Pon a prueba tus neuronas

De 9 a 99 años

¿Aceptas el reto?
365 PREGUNTAS Y RESPUESTAS PARA ENTENDER EL MUNDO
Joan Solé

Las preguntas más curiosas... y las respuestas más fascinantes

De 9 a 99 años

¿Aceptas el reto?
114 ENIGMAS PARA EL 2014
Carlos Borrego Iglesias

De 9 a 99 años

SI TE HA GUSTADO ESTE LIBRO
NO PUEDES PERDERTE...

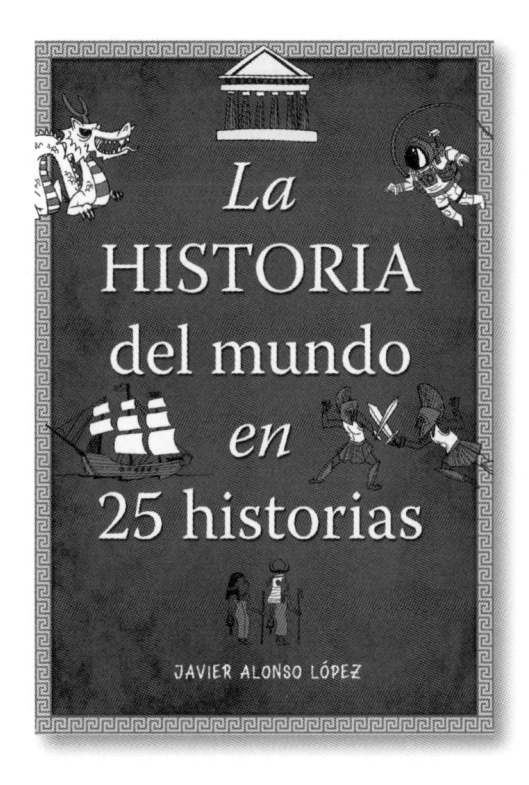

La HISTORIA del mundo en 25 historias

JAVIER ALONSO LÓPEZ

ESTE LIBRO HA SIDO IMPRESO
EN LOS TALLERES DE
LIMPERGRAF. MOGODA, 29
BARBERÀ DEL VALLÈS (BARCELONA)